金雅 郑玉明 著

美育与当代儿童发展

南京大学出版社

图书在版编目(CIP)数据

美育与当代儿童发展 / 金雅,郑玉明著. — 南京：
南京大学出版社,2023.3
ISBN 978 - 7 - 305 - 26268 - 5

Ⅰ. ① 美… Ⅱ. ① 金… ② 郑… Ⅲ. ① 美育 -
儿童教育 - 研究 Ⅳ. ① G40 - 014

中国版本图书馆 CIP 数据核字(2022)第 219655 号

出版发行 南京大学出版社
社　　　址 南京市汉口路 22 号　　　　邮　编　210093
出 版 人 金鑫荣

书　　　名 美育与当代儿童发展
著　　　者 金 雅 郑玉明
责任编辑 郭艳娟

照　　　排 南京南琳图文制作有限公司
印　　　刷 江苏凤凰通达印刷有限公司
开　　　本 635×965 1/16 印张 15.75 字数 212 千
版　　　次 2023 年 3 月第 1 版 2023 年 3 月第 1 次印刷
ISBN 978 - 7 - 305 - 26268 - 5
定　　　价 58.00 元

网　　　址 http://www.njupco.com
官方微博 http://weibo.com/njupco
官方微信 njupress
销售热线 (025) 83594756

内容提要

长期以来,我们对儿童的智力教育、道德教育、体格培育等比较关注,即以智育、德育、体育作为儿童教育的重心,而对审美教育及其在儿童生命发展中的重要意义远未充分认识。特别是对审美教育以自然教育、艺术教育、生命教育等为重要载体,以情感美化、趣味提升、创造激发、个性涵育、人性和谐等为重要内涵,以儿童生命主体的全面、和谐、自由的发展为核心目标,以儿童生命主体的愉悦、幸福的感受体验为核心价值的独特途径与方法远未充分认识与发掘。

美育有狭义和广义之分。本书以大美育观为依托,依据以人为本的儿童发展观,结合儿童发展的客观阶段和具体目标,研究和论析美育的人生向度及其对当代儿童发展的现实意义和人文价值。美育的基础意义是促进当代儿童在生理、认识、道德方面的一般发展。美育的深层意义是通过建构以自然美育、艺术美育、生命美育为重心的立体审美教育网络,引领当代儿童主体性、创新性、感受力、想象力及其人格、人性等的和谐发展。当代儿童审美教育离不开家庭、学校、社会的合力,需要借鉴吸纳中西儿童美育思想的优秀资源。同时,更需要结合当下实际,深入思考并切实处理好美育在引领当代儿童发展中的现实目标与长远目标、科学指标与人文指标、实践维度与价值维度等的辩证关系,从而真正实现儿童美育的丰富价值和独特效能。

本书反思和批判了以技能训练和艺术考级为目标和价值的实用美育观,确立了人生论美育的理论视野,综合认识论、实践论、本体论等方法,对美育与儿童发展问题进行立体辩证综合的深度考察;注重理论创新建构与具体实践问题的结合、宏观研究与微观研究的结合,体现以理论观念创新为目标、以具体实践问题为指向的研究导向;注重对传统儿童美育实践的反思、叩问、推进,注重中西优秀理论资源的吸纳、分析、考辨,力求从历史贯通当下,从理论切入实践,深入思考研讨美育在引领当代儿童发展中的基础问题和关键问题。

目 录

导论　美育引领当代儿童的发展

本书的"儿童"概念特指从胎儿至初中教育阶段的儿童,大概在0至15周岁之间。

儿童发展是指儿童在身心两方面的完整发育和整体生命的健康成长,包括儿童以知情意为基本要素的生命机能的全面、和谐、自由的成长发展。

儿童时期是人的一生中最具成长性和可塑性的阶段。人从出生到成"人",不仅是身体和生理的发育,也是身心的健康、知情意的和谐、人格人性的整体发展完善,是从生理的生命体到成为人的"人"的生成史。"从总体而言,人类个体发育成熟大约在17—18岁。"[1]因此,儿童时期的成长发展,对于人的个体发育及其整个一生来说,都具有不容忽视的基础意义和关键意义。

对儿童生命的关注,首先就需要确立"以人为本"的基本人学观和儿童发展观。过去,我们对儿童的智力教育、道德教育、体格培育等比较关注,即以智育、德育、体育为教育的重心,而对审美教育及其在儿童生命发展中的重要意义远未充分认识。特别是对审美教育以自然教育、艺术教育、生命教育等为基本载体,以情感美化、趣味提升、创造激发、人性和谐等为重要内涵,以生命的全面、和谐、自由的

---

① 边廷芳等编著:《儿童心理学》,浙江教育出版社2009年版,第1页。

成长为整体目标,以主体的愉悦、幸福的感受体验为核心价值的具体、丰富、独特的途径与方法远未充分发掘。

中国古典教育主要偏于道德教育,突出了人的社会伦理角色。西方现代教育主要偏于智力教育,突出了人的现实理性目标。这些教育的模式,各有自己的特点和优长,但片面的强调与实施,造成了忽略受教育者生命的整体性、独立性、主体性、创造性、丰富性、自由性等的偏畸,特别是忽略了生命存在本身的完整感、价值感、幸福感。从长远来看,在这类教育模式下成长的人不仅活得不幸福,也难有强劲的发展后劲。

十八世纪九十年代,"美育之父"席勒发表《审美教育书简》,第一次自觉地将审美教育的问题引入了人类教育的理论视野,知情意的和谐发展、生命的自由幸福成为人文主义教育的重要理想。席勒指出,在大机器生产时代,唯有审美教育才能使人从野人、蛮人蜕变为文化的人、文明的人,拥有完整而自由的美好生命。今天,审美教育对于人类,仍然具有重要而关键的意义,也成为儿童教育和儿童发展研究中的重要理论课题和实践命题。

"爱美是人类的天性。"[①]对于儿童来说,其身心的生理特征和精神特征,尚较多地保留了人的生命的自然本性,拥有较为原始的感受力、想象力、创造性等,这些与美的特性具有天然的联系。审美教育的感性、柔性方式,比道德教育和智力教育的规范、约束方式,更切合于儿童的接受能力和接受特点。积极开展与渗入审美教育,是推动当代儿童教育向德智体美全方位展开的有效举措,也是切实引导当代儿童和谐发展和健康成长的必要方法。

---

① 金雅主编:《中国现代美学名家文丛·梁启超卷》,浙江大学出版社 2009 年版,第 379 页。

第一节　儿童发展与儿童发展观

对于儿童发展的过程、特点与规律,既需要从客观、科学的立场出发予以描述和揭示,也需要从富有人文情怀和人文关怀的理念出发予以阐释与建构,从而为儿童发展提供切实而富有前瞻性的规划与引领。

一、儿童发展的阶段

研究表明,儿童发展是阶段性和整体性的统一,即儿童身心发展的某些方面在某些特定的时间会到达关键期、敏感期,其特定的能力发展会有质的飞跃提升。而在此前后,其发展则处于相对稳定的量变过程中,特别是儿童的人格特征初显后,会保持相对的稳定。同时,不同儿童的个体发展,虽有具体不同的进程、路径,但他们的发展在整体上也有一些共同的规律和特点。这是我们能够对儿童发展进行科学研究的基础。

一般来说,儿童发展经历了胎儿期、婴儿期、幼儿期、儿童期(狭义),直到少年前期的完整过程。从生理年龄上说,大概在 15 周岁之前。

胎儿期:母体内孕育到降生。受精卵在子宫内着床发育直到与母体分离而降生,一般为 10 个月。胎儿由单细胞急遽发育变化,初步具有了适应周围环境的相应能力,并成功与母体分离,降生到这个世界上。

婴儿期:出生到 3 周岁以前。生理体格和神经系统迅速发育,为运动、感知、智力的发展等提供了客观的物质基础。大约 1 周岁左右,语言能力开始形成。这一阶段,儿童开始与家人或抚育者结成亲密的关系。

幼儿期:3 到 6 周岁。身体迅速长高,运动技能迅捷发展,开始变得更加自控和自立。幼儿以直觉行动思维为主,喜欢摹仿,语言能力快速发展,道德感开始清晰。这一阶段,开始与同伴建立友谊。

儿童期(狭义):6 到 12 周岁。初级学龄时期,开始了解家庭之外的广阔世界,初步萌发人生意识和理想等,逐渐意识到成长后的新责任。这个阶段以形象思维为主,以逻辑思维为辅,掌握了基本的听说读写能力,运动能力有很大提高,开始懂得和遵守规则,在自我意识、道德、友谊方面渐趋成熟。

少年前期:12 到 15 周岁。身体快速发育,性别特征渐趋明显,向成人的身体形态过渡,抽象思维能力有重要发展,开始希望脱离家长和老师的影响追求自主独立,价值观和人生理想日益明确。

儿童时期是人一生中最具成长性和可塑性的阶段,在身体、意识、心理、能力、精神等各个方面,都不断地剥离与母体、家庭、亲人的亲密关系而走向更宽广的天地。在这个过程中,环境和教育的作用非常重要,不容忽视。

二、以人为本的儿童发展观

从个体发展来说,儿童发展包括身体发育和精神成长两个方面以及两方面之间的互相协调、相互作用等复杂内容。在儿童教育学、心理学等研究中,不同的理论视界决定了对儿童发展的不同认识。比如,如何理解儿童生命发展中的决定因素? 有人认为儿童的生命发展单纯地是生物有机体通过体内的生理变化及与周围环境的生化作用来实现自己的成长发展;也有人认为儿童的生命发展是社会性生物通过不断的摹仿学习他人成功的生活经验而成长发展;还有人认为儿童的生命发展是理性生物的认知理性的发展成长过程;精神分析理论则将其视为生命本能和性本能的发展结果。再比如,如何认识遗传和环境在儿童发展中的作用? 有人主张是遗传因素决定了后天环境所能发挥作用的空间,也有人认为后天教养能突破遗传因素的影响而促进儿童的发展。再如,如何理解儿童发展的连续性与阶段性？有人认为儿童发展是不断的渐变使儿童的身心机能渐趋复杂，也有人认为儿童发展有着明显的阶段性，是从一个阶段突变更替到另一阶段。此外，儿童生命的发展进程是单一的还是多元的，这也是当代儿童发展研究中争议较为激烈的问题之一，有人认为儿童发展进程是单一的，有人则主张儿童发展路径是多元与复杂的。

总之，儿童发展既是客观的事实，有其客观的发展过程、特点、规律，同时又是特定研究者从特定的儿童发展观出发来阐释、把握、建构的。儿童发展观本身的发展与建构，正是理解、认识、引导儿童发展的理论基础。正如美国学者 R. 默里·托马斯所说："儿童发展理论著作可被视为理解儿童的实践指南，因为它描述了关于儿童像什么以及应如何对待他们的各种信念模式"，"儿童发展理论可以比作我们观察儿童及其成长的透镜。理论滤过了特定的事实，并对其摄入的事实赋予特定的模式"。[①]

每一种儿童发展观都有自己的价值立场。以人为本，应是一切儿童发展观的科学前提和价值前提。本著以此为出发点，把情感——生活能力、独立——人格追求、创造——生命成长作为儿童发展的整体目标，研究其与以自然审美、艺术审美、生命审美为主要领域的儿童审美教育实践之间的具体而密切的联系。

1. 以情感——生活能力为基础的儿童发展理念

儿童发展首先要具备基本的情感——生活的能力，学会生活与生存，体验丰富的事物和世界。情绪和情感的能力，是儿童生活中不可或缺的基本元素。没有喜怒哀乐，就不可能拥有对生活的基本感受和热情。儿童的身心发展特点，决定了其远较成人突出的情感需求。而儿童生活的具体性、儿童感知的具象性、儿童体验的场景性，使得儿童的生命成长更多地与具体的、直接的、情绪的、情感的东西相关联。丰富的情绪与情感的感受、传达，多样的情绪与情感的体

---

① R. 默里·托马斯：《儿童发展理论》，上海教育出版社 2009 年版，第 3—4 页。

验、表现，多元的情绪与情感的获得、共享，直接融于儿童的生活，是儿童基本幸福感的重要来源。值得注意的是，由于理性能力尚在初级发展的阶段，在儿童的感知和体验中，情绪和情感的状态往往难以区分，对于情绪的自我调控能力并不稳定，而且个体之间存在较大差异，情绪感受与情感表达有时也不能统一。这一切，使得儿童的情感感受、表现，呈现出多样、生动的特点，也有着一定程度上的复杂性。我们常说"孩子的脸，说变就变"，指的就是儿童的情绪、情感多变。他们会为心爱的玩具丢了或者坏了而号啕大哭，也会因为妈妈的及时安抚而马上破涕为笑。在和同龄人游戏时，他们一会儿闹矛盾，生气、烦恼；一会儿又和好如初，开心、快乐。他们的情绪、情感都写在脸上，高兴了就任性地笑，生气了就任性地哭，没有任何的伪装和做作。当然，他们的情绪、情感有时也会很奇怪，有时在成人眼中"莫名其妙"地就笑了或者哭了。这种"莫名其妙"在儿童那里其实是有他们自己的情感逻辑的——他们小小的心灵关注的是成年人认为微不足道的对象和点点滴滴的内容。

2. 以独立——人格追求为核心的儿童发展目标

儿童时期，人格开始觉醒。儿童人格的独立发展，是其走向社会和拓展有效生存空间的重要基础。尊重儿童人格的独立性和个体性，就是将儿童视为平等的社会主体，重视儿童个体间的差异性和独特性，从而使每个儿童都能获得最大的发展和成长。

我国传统文化长期以来以长者为本位，存在着不尊重、不重视、不认可儿童独立人格的偏颇。二十世纪初，鲁迅先生在《我们现在怎样做父亲》一文中，曾针对传统观念中的长幼关系问题，对"长者本位"观进行了尖锐的批评，提倡"幼者本位"的思想。他认为"幼者本位"，才是符合进化和发展的规律的。他倡导要做"觉醒的父母"，用"无我的爱"去"真"爱儿童，去理解、指导和解放儿童。[①]

---

① 《鲁迅全集》，人民文学出版社 2005 年版，第 1 卷，第 134—145 页。

今天,关爱儿童、尊重其人格的意识无疑已经深入人心,但我国当前的教育现状离真正平等对待儿童,以儿童为本位和主体,尚有不小的距离。其结果是,导致在儿童教育中难以把握合适的尺度和方法。如对儿童的过度呵护,可谓比比皆是,表面上是关爱,实则是宠溺,致使部分儿童人格成长滞后,有些儿童明显比同龄儿童幼稚,影响了其人格的独立发展。再如对儿童发展的过高期待,这表面上是"重视",所谓不能让孩子输在起跑线上,实则是拔苗助长,进行提前开发,致使部分儿童片面发展智力,过于注重功利得失,缺失了人格的和谐发展。

3. 以创造——生命成长为宗旨的儿童发展理想

创造力的强弱是个体生命发展高度的重要指标之一。独立的人也必然是具有创新能力的独特个体。每个个体生命的发展既有遗传因素的影响,也有后天因素的作用。个人创造力的发展水平是两方面因素的综合结果。

美国著名幼儿早期教育专家、哈佛大学心理学教授伯顿对儿童创造力的培养曾提出过著名的"十个要点"的说法:

(1) 创造一种气氛,使每个儿童都被作为一个人来看待,使他受敬重,并作为集体的一名成员受重视。

(2) 使每个儿童懂得自尊,学习并提出自己的思想看法。

(3) 每个儿童应当获得自己去创造成就的勇气和信心,并能进行创造性尝试。

(4) 儿童需要利用和体验环境的自由,以使学习自由。

(5) 儿童需要有人对他的新奇念头、想象力和别出心裁进行称赞和鼓励。

(6) 应当鼓励儿童去探索,选择新途径,不停留在已经明白的事物上。

(7) 好问态度应当是教育的目标。

(8) 教养员应当能够做到倾听、观察和沉默。

（9）应当避免引起儿童害怕的压力。害怕会禁锢儿童的智力活动，阻碍儿童通向新的思想，而敢于认识可引导儿童探险。不安全会导致儿童产生模糊主张并阻塞选择答案的途径。

（10）应当避免在评价儿童时树立权威的做法。[①]

伯顿把对儿童独立性的尊重，把对其创造性的呵护看作培养儿童创造力的中心问题。其实，人在儿童时期的创造性尝试，对人的生命自由性的体验，对其一生创造力的培养特别重要，因为这是人的创造力形成的基础。

美国心理学家欧文·泰勒 1975 年在《创造心理学》中将创造力分为五种，包括表达式创造力（expressive creativity）、生产式创造力（technical creativity）、发明式创造力（inventive creativity）、革新式创造力（innovative creativity）、高深创造力（emergentive creativity），认为这五种创造力是由低向高形成和发展的。其中表达式创造力以自由与兴致为心理基础，常见于儿童和青少年，是其他创造力的基础。在儿童时期，发挥各种有效的教育干预，充分推动表达式创造力的发展，将为人一生创造力的勃发，奠定不可或缺的基础。

儿童发展与情感——生活能力、独立——人格追求、创造——生命成长的密切关联，使得富有情感、具象、个性、创新等要求的审美教育自然地也是必然地进入儿童教育的视野，成为儿童教育和发展研究的重要问题。

---

① 转引自姚全兴《儿童文艺心理学》，重庆出版社 1990 年版，第 183—184 页。

第二节　美育促进当代儿童发展的独特意义

儿童发展事关民族与人类的未来,是一个需要引起全社会高度重视的问题。在今天全球化的时代,如何发挥美育的独特功能,更好地促进和引导儿童的成长与发展,使他们能够健康和谐地发展自己的完整生命和各方面的才能,培养他们成为既具丰沛的情感和独特的个性,又具高度的理性和纯粹的信仰,拥有旺健的创造能力和丰富的幸福感受,正随着教育理念的不断更新和教育实践的迅速发展,成为美育理论研究者和美育实践工作者关注的重要课题。

一、何为美育

美育即审美教育,它有广义和狭义之分。狭义的美育,指通过美学知识、观念、技能等的教育和实践,来提升个体的审美常识、审美素质,培育基本的审美观、审美情趣、审美能力等。广义的美育,指通过对自然、艺术、生活等的审美实践活动,培育个体的审美态度,提升其审美趣味,陶冶其审美人格,涵育审美化的生命。

大千世界各种不同的审美对象,其美育功能是有差异的。自然美是审美教育不可或缺的对象,主要通过大自然中色彩、声音、形状等形式因素的审美刺激来影响审美主体的感知觉,精神作用相对内隐,其美育功能的发挥需要长期潜移默化的濡染。艺术美是美的集中体现,艺术形象是内容和形式的美的统一,艺术美是审美教育最为重要的载体之一,能够深刻地作用于主体的审美心理和精神世界,其影响、陶养主体审美人格的作用非常强大。社会美比自然美有更多的精神内涵,对于审美主体的影响不仅限于感官层面,但它们与艺术家们精心创造出来的优秀艺术作品相比,后者作用于审美主体的生动性、集中性、强烈性、深刻性等往往更胜一筹。

走进大自然,绚烂多彩的颜色、丰富悦耳的声音、千姿百态的形象,直接使审美主体在感官层面悦耳悦目。天高云淡,沐浴着温暖的阳光,看杨柳拂堤,河中小舟轻楫往来,听小鸟在枝头清脆婉转地啼鸣,会使人俗虑顿消,心情畅悦;夜晚的天空浩瀚无垠,繁星点点,或者一轮明月当空,万籁俱寂,这夜色也会使人心绪平静、精神安宁,产生别样的人生感受。温度宜人的春秋时节,蓝天白云之下,在绿草如茵的草地上漫步;炎炎夏日,在溪流中、瀑布下、喷泉边嬉戏玩闹;严寒的冬季,欣赏皑皑白雪,滑雪嬉戏,都会使人身心愉悦、心胸畅达。或者在节假日,到海边沙滩、茫茫大漠、辽阔草原放松身心,远离喧嚣和紧张,会使人觉得体健身轻、精神悦乐。人在忘记世俗尘劳敞开心胸的同时走向大自然,面对各色美景胜景,确如王羲之在《兰亭集序》中所说,"仰观宇宙之大,俯察品类之盛,所以游目骋怀,足以极视听之娱,信可乐也"①。

在简单平凡的生活中,人与人之间的日常共处,亲情、友情、爱情等的温暖也能给人带来丰富的审美感受。虽然,凡俗而实际的生活,常常使人们习惯了从功利的角度来审视一切,缺少了"发现美的眼睛",容易使人们对日常生活中的美反应迟钝,甚至会漠然视之,但生活中的美一旦被人捕捉,还是能够深刻地作用于人的心灵,培养人的生活情趣,提升人的生活境界的。如喜乐的共享、愁绪的分担、温馨的问候、节日的祝福等,都让人体会到挚情的可贵、人生的美好!

艺术美则是人类的高级精神文化产品。优美的书画,线条块面,笔情墨趣,色影光形,细腻的变化,多元的风格,映现着书法家、画家的个性趣味和人格境界,激发着我们的生命体悟和人生感悟!美妙的音乐,或古典,或现代,绚烂的声音世界,节奏、旋律的变化,引领着我们情感的起伏波动,让我们的想象驰骋!手持一卷,或诗文,或小说,在那虚构又似真实的世界里徜徉,语言的精妙,结构的精巧,构思

---

① 王羲之:《〈三月三日兰亭诗〉序》,见陈延嘉、王存信编著《上古三代秦汉三国六朝文选六百篇》,河北教育出版社 2009 年版,第 314 页。

美育与当代儿童发展

的匠心,都会使人叹赏悦服,特别是情感和思想的撞击与共鸣,更能深刻地陶染审美者的襟怀和人生观价值观!电影和戏剧,故事的跌宕起伏,人物的喜怒哀乐,场景的美轮美奂,感官的刺激,情绪的释放,精神的教益,无不给人丰富多样的体验和享受。

自然、生活、艺术的审美,都能给予人丰富而独特的愉悦。人在审美愉悦中也能够获得理性的领悟和充实,强化实践意志,陶冶升华人格,这就是美育的整体功能。因为在审美中,自由纯粹的审美愉悦不仅能够涵养人的情感世界,提升人的情感能力,还能够因情感在人的心理系统中的重要的动力功能和桥梁功能,而使人的认知、意志因素也活跃起来,从而激发、贯通、强化审美对象中原本就包蕴的思想、道德等对人的整体影响作用。

关注审美对人的根本意义和独特价值,是美育研究基本而重要的内容,也是引领当代儿童全面、和谐、自由发展的具体、关键的途径。

二、我国当代儿童美育的异化

1922 年,梁启超先生在上海美术专门学校讲演,讲演稿后来题为《美术与生活》,发表于《时事新报》。在这篇讲演稿中,梁启超先生提出:"人类固然不能个个都做供给美术的'美术家',然而不可不个个都做享用美术的'美术人'。"[①]在这里,梁启超把以美术为代表的艺术审美教育视为"人"的必备要素和成"人"的基本条件,与人的生活紧密相连。但二十世纪以来,我国的儿童教育对美育重视不够,认识不深,尤其是二十世纪下半叶以来,儿童美育领域出现了种种异化的现象,直接对儿童的成长发展造成了不可忽视的负面效应。

其中,比较突出的问题主要有:

---

① 金雅主编:《中国现代美学名家文丛·梁启超卷》,浙江大学出版社 2012 年版,第 10 页。

第一，美育智育化现象。把美育等同于知识教育。审美教育离不开美学基础知识的普及，包括美学基本原理、艺术审美的基本知识、自然审美的基本知识、人和生活审美的基本知识、形式美的基本知识等。对于儿童来说，美育基本知识的普及尤为重要，需要跟科学知识、道德修养等基础教育一起推进。但是，如果把审美教育等同于智育，或者以智育为核心目标，这就偏离了美育自身。如中小学语文教育，其中有汉语文字的教学，也有语言逻辑和行文表达的教学，这些都属知识教学。目前，我国中小学语文教学主要停留在知识型教学上，对其内蕴的美育功能挖掘不足。其实，语文课文教学在本质上应该是美的教学，需要从文字、表达，统合为生动的形象，深入内在的情感，进入特定情感的审美体验，即美的情感的共鸣和升华，丑的情感的扬弃和净化。对情感的聚焦，是美育区别于智育、德育，又与智育、德育互为沟通相互促进的独特价值所在。教师和家长要善于引导儿童从诗歌、散文、小说、剧本等语文文本中体认美的情感，在情感上受到濡染，提升情感判断能力，进而使心灵得到涵育。

第二，美育技能化现象。把审美教育理解为技能训练。这种现象在我国的儿童审美教育领域可谓非常普遍。尤其在艺术审美教育中，绘画、音乐、舞蹈、书法等主要门类艺术，在儿童美育实践中几乎都以技能训练为主，把美育的目标降低为技能的提高，缺少在审美情感、审美态度等方面的教育与引导。这种美育异化现象，体现了对美育本质和美育特点的肤浅理解。

第三，美育德育化现象。混淆了美育与德育的关系。这种现象把美育的目标狭化为道德培育。美育与德育有着密切的关系。尤其在儿童教育领域，由于儿童的道德感尚处于初萌的阶段，其理智和自律水平不如成年人，因此，通过美育来辐射德育，即通过美育的生动形式来促进儿童情感能力的提升，从而提高儿童的道德判断和道德水准，是很重要很有意义也是颇具成效的途径。但美育与德育又是各自独立的，不能混为一谈，也不能简单地以德育等同美育甚或取代美育。

第四,美育功利化现象。把美育视为考级、升学、成名等的跳板。这种现象是当前我国儿童美育实践中亟须引起关注的突出问题,它直接助推了儿童美育的技能化方向和短视目光,造成儿童艺术教育实践一切以考级、升学的需要为依据,目标单一,方式僵化,无疑与审美教育的人文性、情感性、自由性背道而驰。

第五,美育贵族化现象。将美育视为面向特定高端群体的少数儿童的特殊教育。美育是素质教育的重要组成部分,是面向所有儿童的,促使儿童审美的基本素养、基本态度、基本能力得到培育。教育家福禄培尔曾指出:"要使每个人懂得观察和鉴赏真正的艺术作品。"①只把特定高端群体的少数儿童定位为教育对象,这违背了美育作为素质教育的本义,使美育异化为贵族教育。

三、美育的人生向度和人文意义

德国美学家鲍姆加敦在十八世纪中叶创立了美学学科。欧洲理性主义哲学的传统是重视人的理性认识,而轻视人的感性认识。鲍姆加敦则认为艺术活动作为感性活动也能够提供知识,虽然这种认识不如抽象的理性认识观点明确,但它也是一种应该肯定的认识活动,因此他主张也应当有一门学科来研究感性认识活动,他由此提出了 aesthtics(感性学)这个概念,这门学科由此诞生。鲍姆加敦把审美理解成一种感性认识活动,认为美学就是研究感知觉认识活动的感性学,这就使审美的作用局限在了认识领域,而忽略了审美的价值维度和人文向度。鲍姆加敦对审美的看法虽有其局限性,但他创立了美学的概念与学科,为后来席勒提出美育的命题提供了必要的理论基础。

德国大哲学家康德不同意鲍姆加敦将审美局限于哲学认识论,

---

① 福禄培尔:《人的教育》,孙祖复译,人民教育出版社 1991 年版,第 184 页。

仅仅看作低于理性认识的感性认识活动。在康德看来,审美鉴赏活动主要是情感活动,特别是非功利的纯粹情感活动,它有自己的"无目的的合目的性",因此其活动与认识活动、意志活动有着明显的不同。康德认为,人的情感是与认识、意志同样重要的精神机能之一。情感机能的独立性,并不意味着它与认识、意志无关,而是与它们有紧密的联系,是认识与意志之间沟通过渡的中介。美学作为感性学,它研究的主要是人的纯粹、自由的情感活动。康德美学对知情意的区分与联系的揭示,尤其是区分的确立,为美学和美育奠定了真正具有学科意义的理论基础。

康德出版于1790年的杰作《判断力批判》,对人的审美活动机制进行了理性反思,提出了其先验活动原则——形式的主观合目的性原则。康德认为,事物的表象形式如果与人的认识能力有契合性,即它作为表象对象并不引起人的认识活动,而仅仅是引发了人的想象力的无目的自由活动,而最终实现了与知性概念(或者理性概念)的无目的契合,这种"无目的的合目的性"活动必然引发人的愉快情感体验(合目的性的活动必然会引发满足的愉快感),这就是优美感(或者崇高感)的活动机制,其表象对象就是美的。因为这一审美活动原则中的合目的性原则,并不是用概念目的来认识客体对象时,客体对象本身符合概念目的,而只是表象对象使人意识到了其形式符合人的情感判断,因此只是一种"主观合目的性"原则。康德认为,主观合目的性原则保证了审美鉴赏判断的非功利性、普遍性和必然性,它不指向对象的实存,而是由对象的形式与主体判断的契合引起了人的愉快感,所以这种审美愉快是纯粹的非功利快感。形式的主观合目的性原则就是判断力为自身立法的先验原则。

康德的美学研究不仅在学理上确立了审美活动不同于认识活动和意志活动的独立性、独特性,更重要的是确立了审美判断力的主观合目的性原则在根本上与人的主体性相关,即审美判断力与人走出原始蒙昧而从自然中独立出来的人性相关。因为人在审美鉴赏活动中,通过主观合目的性的先验原则为自己的审美活动立法。康德着重指出,审美判断的先验原则只是"主观的"合目的性原则,它指向的是对象的形式与人的认识能力的契合性,由此审美导向了对人的本质属性的肯定和张扬。特别是,康德在根本上将人的意志自由即道德意志的自我立法视为人的本质属性,而审美在肯定自然与人的认识能力的契合时,这一审美主体性思想最终指向了自然与人的意志自由的契合。康德认为,崇高美就是对人的意志自由的肯定。在谈到审美判断的普遍性时,康德还明确指出了审美与道德意志活动的密切联系。他说:"由于鉴赏根本上说是一种对道德理念的感性化(借助于对这两者作反思的某种类比)的评判能力,又由于从它里面、也从必须建立在它之上的对出于道德理念的情感(它叫作道德情感)的更大的感受性中,引出了那种被鉴赏宣称为对一般人类都有效、而不只是对于任何一种私人情感有效的愉快:所以很明显,对于建立鉴赏的真正入门就是发展道德理念和培养道德情感,因为只有当感性与道德情感达到一致时,真正的鉴赏才能具有某种确定不变的形式。"[1]康德还认为,"谁对自然的美直接地感到兴趣,我们在他那里就有理由至少去猜测一种对善良道德意向的素质"[2],这也清楚地指出了审美与道德自由意志的密切关联。

康德美学不仅是美学研究的重大发展,而且它对审美、艺术与人性本质关联的揭示,清楚地指出了审美、艺术对人的本质意义,也深刻地影响了审美教育的发生和发展。"美育之父"席勒就是在康德美学的基础上写出《审美教育书简》,建构自己的美育理论体系的。

首先,席勒针对十八世纪后期德国社会上层的自私保守和社会下层的粗野暴戾的现实,试图借助审美教育来探索引领社会走向道德王国的可能性。席勒根据康德将审美看作认识与意志、自然与道

---

① 康德:《判断力批判》,邓晓芒译,人民出版社2002年版,第204页。
② 康德:《判断力批判》,邓晓芒译,人民出版社2002年版,第143页。

德的中介的思想，认为审美是人从野蛮发展到文明的标志，也是社会发展到道德王国的桥梁。他说："是什么现象宣告野蛮人进入人性的呢？不论我们对历史探究到多么遥远，在摆脱了动物状态奴役生活的一切民族中，这种现象都是一样的：对外观的喜爱，对装饰和游戏的爱好。"①在这里，席勒将康德美学的基本观点用于对社会历史发展的考察，揭示了审美在社会历史发展中的标志意义。他指出，如果人的行为都从自己的审美本性出发，那么社会就发展到了道德社会。"在那里，指导行为的，不是对异己的道德习俗的愚蠢摹仿，而是自己的美的本性；在那里，人以勇敢的天真质朴和宁静的纯洁无邪来对付错综复杂的关系，他既不必为了维护自己的自由就得伤害别人的自由，也不必为了显示秀美就得抛弃自己的尊严。"②

其次，席勒美育在关注德国社会发展问题时，还深刻批判了现代文明对人性的戕害，特别是分工、物化造成的人的知情意的分裂和人性的碎片化与异化，探索通过审美教育恢复人性的完整和谐。在席勒看来，审美作为感性与理性的统一，具有沟通知意完善人性的功能，因此美育能够使人摆脱碎片化和异化，走向人性的和谐。"人同时形成这双重的经验，他同时意识到自己的自由和感觉到自己的存在，他同时感到自己是质料和认识到自己是精神，在这样的情况下，而且绝对只有在这样的情况下，人才会得到对他的人性的完全的直观，而且那个使他得到这种直观的对象，也才会对他成为他那已经实现的规定的一个象征（因为这种规定只有在时间的总体中才能达到），因而也就成为无限事物的一种表现。"③席勒的这一看法对我们当下的社会发展仍具有重要的启发意义。

从康德到席勒，都认为审美对人的作用机制是经由审美快感这一中介而发生的，而审美快感则是由审美对象的形式所引发的。但

---

① 席勒：《席勒散文选》，张玉能译，百花文艺出版社1997年版，第263页。
② 席勒：《席勒散文选》，张玉能译，百花文艺出版社1997年版，第279页。
③ 席勒：《席勒散文选》，张玉能译，百花文艺出版社1997年版，第208页。

　　　　　　　　　　　　　　　　　美育与当代儿童发展

席勒和康德的区别在于，席勒改变了康德仅仅重视审美对象的形式，而把审美对象视为"活的形象"，揭示了美与生活的关联。"感性冲动的对象，用一个普通的概念来表述，就是最广义的生活；这个概念指一切物质存在和一切直接呈现于感官的东西。形式冲动的对象，用一个普通的概念来表述，就是既有本义又有引申义的形象，这个概念包括事物的一切形式特性以及事物对思维力的一切关系。游戏冲动的对象，用一种普通的概括来表示，可以叫作活的形象，这个概念用以表示现象的一切审美特性，总而言之，用以表示在最广的意义上称为美的那种东西。……要成为活的形象，就需要他的形象就是生命，而他的生命就是形象。在我们仅仅思考他的形象时，他的形象是无生命的，仅仅是纯粹的抽象；在我们仅仅感觉他的生命时，他的生命是无形象的，仅仅是纯粹的印象。只有当他的形式在我们的感觉里活着，而他的生命在我们的知性中取得形式时，他才是活的形象；而且不管什么地方，只要我们判断他是美的，情况总是这样。"[1]由此，席勒使美从主观性存在走向了客观实体性存在，把美与人的生活紧密联系了起来，使得审美的形象性、情感性特点落到了实处。迄今，这都是我们把握美育功能时极为重要的理论基础。

审美与人的生活的紧密联系，直接决定了审美教育的人生向度和人文意义。

美育从"启智"、"辅德"到走向"人生"，是对美育性质认识的深化与回归。这也使得追求人性的健全和人的全面发展，关注美育的情感愉悦本性，肯定美育作用于人的感性和精神力量的整体和谐功能，成为审美教育的主要方向。随着市场经济的确立和发展，大众文化的进一步繁荣，人正常合理的世俗生活欲望被肯定，美育必然要更多关注人性、生命、生活。同时，市场经济、高新科技的发展也是一把双刃剑，虽然带来了巨大的物质财富，大大提升了人的生产能力和物质

---

① 席勒：《席勒散文选》，张玉能译，百花文艺出版社1997年版，第210—211页。

水平，但市场效益、科技理性的强化反过来又会支配人、控制人，金钱拜物教与迷信高科技造成了人的生命和生活的俗化、异化，这就反过来使审美教育完善人性、丰富人生的意义变得更为迫切和重要。

美育的人生向度在根本上就是以关注人为中心，注重美育与生命完善、生活美化的联系，追求生命的丰富、丰满、多彩、幸福，追求人生的趣味化、情趣化、审美化。应该说，人在世俗中生存是离不了柴、米、油、盐、酱、醋、茶等等的计较、打算的，但若仅仅局限于这种谋生层面的生活，那么与动物的生存在本质上没有差别，是极其庸常无趣的；若是为了名利而不择手段，则更是生命和人生的降格。在当今社会中，激烈的竞争，加大了人的生活压力，增加了生活的偶然性和不确定性，这就使得日常生活的庸常性变得愈加难以忍受，人的自由生命也可能沦落为"活着"！高科技的普遍运用，既增强了生活的便利，也有可能钳制生命的自由与幻想，使人的日常生活也异化为冷冰冰的机械操作。美育的人生向度在根本上尊重生命的自由本性，反思这种种的无趣化、机械化，倡导人生的诗意化、审美化。如何变人生的无趣卑俗为诗意自由？美育的人生向度不仅要求人们培养善于发现美的眼睛，去寻找自然、艺术、生命的美来美化凡俗的人生，更要求人们在根本上把人生与审美统一起来，用趣味化情趣化去塑造升华美丽的人生。二十世纪初，我国现代美学的开拓者梁启超提出"趣味主义"的人生美学主张。他说，要拿趣味做人生观的根基，视"趣味"为"生活的原动力"。"趣味丧掉，生活便成了无意义"①。梁启超的观点得到了朱光潜的响应。朱光潜把"趣味"改造为"情趣"，倡导涵育真善美融通的以美的情感为基石的艺术化的人生。

美育的人生向度重视情感教育的中介作用。美、艺术对人的影响，是离不开感性形象的中介和审美快感的桥梁的。正如康德所指

---

① 金雅主编：《中国现代美学名家文丛·梁启超卷》，浙江大学出版社2009年版，第18页。

出的,"鉴赏是通过不带任何利害的愉悦或不悦而对一个对象或一个表象方式做出评判的能力。一个这样的愉悦的对象就叫作美"①。感性形象和审美快感构成了审美活动不可或缺的基本特征。由感性形象所引发的审美快感,丰富提升了人的情感经验,使人的情感反应更敏锐、更细腻、更自由。美、艺术对人的情感陶冶和人的情感境界的提升,推动了人的高雅人生趣味的涵养,引领人从世俗的人生中超拔起来,在谋生的卑俗中保持情感的典雅和精神的高贵,这也是人生美育的重要内容。

美育的人生向度把培育审美人格作为核心追求。通过美和艺术陶冶情感,辐射理智和意志,促使人形成健全、成熟的审美人格,构建诗意的人生境界,体现了人生美育的核心向度。诗意人生境界的营构,在根本上是由拥有审美人格的人来实现的。人生美育重视审美者的审美能力比如形式感知能力、想象联想能力、理性领悟能力等的养成,但更重视审美者审美态度、审美胸襟、审美人格的养成。以趣味为中心,而不是以利益为权衡,这种非功利的审美的人生态度真正体现了生命的自由本性和人格的高贵尊严,它也是审美人格养成的基础。

美育的人生向度既是中西美育理论传统的当代传承发展,也是从当下时代特点和现实需求出发而倡导的一种美育实践主张,它着眼于审美对人的情感涵育和人性涵育,倡扬在审美艺术生活的共融互进中促成当代儿童生命的健康全面成长,体现了把美育与生命教育、生活教育紧密相连的实践意向,也体现了把儿童发展和儿童整个生命的健康成长相联系的人文视野。

四、美育与当代儿童的发展

儿童美育是美育的重要分支,它是适合儿童天性的审美教育活

---

① 康德:《判断力批判》,邓晓芒译,人民出版社 2002 年版,第 45 页。

动。与其他的美育活动一样,儿童美育主要也是通过情感的陶冶、感性的解放来促进儿童的全面发展。相对于成人美育来说,儿童美育有其共通性,也有其独特性。如聂振斌先生就认为:"形式美被广泛用于教育,而且对于德智体美各个方面都能产生重大作用,尤其对于少年儿童的教育更显得必要。例如,在启蒙教育中的礼仪训练,儿童玩具的制作与使用,手工操作能力的培养,等等,都是形式美及形式美诸法则的实际运用。就是小学生的音乐课、图画课等艺术教育,就其主要方面而言,也是形式美诸法则的训练与应用。所以,形式美对于教育具有的重要作用,用中国一句古语说就是'美教化'。"[1]这主要是因为儿童的神经系统发育和认知能力发展是一个长期的过程,儿童的人生经验也不丰富,因此让他们接受美和艺术中复杂的精神文化内容有着相应的难度。这就决定了审美对象鲜艳的色彩、动听的声音、诱人的馨香、光滑的外表、简单匀称的结构形式等形式美的内容,更容易吸引儿童的关注。再比如在种种不同的审美形态中,相对于崇高美,儿童美育可以更为偏重优美,这主要是因为儿童的心灵柔弱,对悲剧、崇高那种强烈的情感冲击和理性震撼,尚缺乏足够的情感体验力、认知理解力、精神承受力。我们既需要认识儿童美育和其他美育活动的共通性,又需要特别重视儿童美育和其他美育活动的不同点,这样才能准确有效地发挥儿童美育的最大功效。

美育对儿童发展的作用,中西先哲早已关注。在古希腊,音乐很早就成了重要的教育分支学科。柏拉图曾说:"教育就是要约束和引导青年人走向正确的道路,这就是法律所肯定的而年高德劭的人们的经验所证实为真正正确的道理,为着要使儿童的心灵不要养成习惯,在哀乐方面违反法律,违反服从法律的人们的常径,而是遵守法律,乐老年人所乐的东西,哀老年人所哀的东西,为着达到这个目的,我说,人们才创造出一些真正引人入胜的歌调,其目的就在培养我们

---

① 聂振斌:《文化本体与美学理论建构》,首都师范大学出版社2009年版,第294页。

美育与当代儿童发展

所谈的和谐。因为儿童的心灵还不能接受看书的训练,这些歌调就叫做游戏和歌唱,以游戏的方式来演奏。"①柏拉图的教育观念有其时代局限性,他仅仅关注青少年的认知和社会理性能力的发展,倡导理性和谐的人格,并没有全面地认识儿童发展;但他针对儿童认知能力不发达的现实,提出借助儿童喜爱的音乐来培养儿童心灵的和谐,这说明他一定程度上已经把握了音乐美对儿童的"情绪和社会性发展"的基础作用。而且柏拉图还非常清楚,儿童发展的教育干预具有明显的形式性特点。他说:"我认为快感和痛感是儿童的最初的知觉,德行和恶行本来就取快感和痛感的形式让儿童认识到。……我心目中的教育就是把儿童的最初德行本能培养成正当习惯的一种训练,让快感和友爱以及痛感和仇恨都恰当地植根在儿童的心灵里,这时儿童虽然还不懂得这些东西的本质,等到他们的理性发达了,他们会发现这些东西和理性是谐和的。整个心灵的谐和就是德行,但是关于快感和痛感的特殊训练会使人从小到老都能厌恨所应当厌恨的,爱好所应当爱好的,这种训练是可以分开来的,依我看,它配得上称为教育。"②所谓"快感和痛感的特殊训练",这种在儿童教育中偏重于感、知觉方面的教育无疑与美育、艺术教育有着紧密的联系。柏拉图强调,儿童教育仅仅是道德教育的感、知觉训练,而不是真正的道德、社会理性内容方面的教育,这说明他已经比较准确地把握了儿童美育、艺术教育的形式特点。因此,柏拉图才会说"教育首先是通过阿波罗和诗神们来进行的"③;他在儿童教育问题上,高度推重艺术教育、美育,绝对不是偶然的。

与西方类似,我国古代的哲人们在儿童教育中同样重视艺术教育、美育。孔子说:"兴于《诗》。立于礼。成于乐。"④孔子认为,人的

---

① 柏拉图:《柏拉图文艺对话集》,朱光潜译,人民文学出版社1963年版,第309页。
② 柏拉图:《柏拉图文艺对话集》,朱光潜译,人民文学出版社1963年版,第300页。
③ 柏拉图:《柏拉图文艺对话集》,朱光潜译,人民文学出版社1963年版,第301页。
④ 陈戍国点校:《四书五经》,岳麓书社2002年版,上册,第1页。

教育由感兴的诗教始，然后才是强制性的礼仪约束，最后以乐教完成。孔子之后，王阳明对儿童的诗书礼乐教育有了更为深入全面的认识。他说："大抵童子之情，乐嬉游而惮拘检，如草木之始萌芽，舒畅之则条达，摧挠之则衰痿。今教童子必使其趋向鼓舞，中心喜悦，则其进自不能已。譬之时雨春风，沾被卉木，莫不萌动发越，自然日长月化。若冰霜剥落，则生意萧索，日就枯槁矣。故凡诱之歌诗者，非但发其志意而已，亦所以泄其跳号呼啸于咏歌，宣其幽抑结滞于音节也。导之习礼者，非但肃其威仪而已，亦所以周旋揖让而动荡其血脉，拜起屈伸而固束其筋骸也。讽之读书者，非但开其知觉而已，亦所以沉潜反复而存其心，抑扬讽诵以宣其志也。凡此皆所以顺导其志意，调理其性情，潜消其鄙吝，默化其粗顽。日使之渐于礼义而不苦其难，入于中和而不知其故，是盖先王立教之微意也。"①王阳明清楚地认识到了儿童的天性是"乐嬉游而惮拘检"，因此他强调由歌诗来"诱之"，而这种"诱之"对于儿童的志意、性情具有全面积极的顺导、调理的作用，从而深入了儿童诗乐教育的更为具体的层面。

从古至今，中西文化在儿童发展的教育干预研究中，都已注意到美、艺术作为纯粹情感活动，因与儿童的天性极为接近，而具有的引导、规范儿童发展的突出作用。今天，结合新的时代特点，尊重儿童发展的特殊规律，关注儿童美育、艺术教育的具体特点，探索儿童美育的方法途径，建构儿童美育的人生向度，是我们亟待推进的工作。比如儿童的才艺培养，不管是学习书法还是绘画，学习钢琴还是小提琴，都不是一定要把儿童最终培养成书法家、画家、音乐家，而是要养成他们在生活中善于感知美的心灵，善于发现美的眼睛，善于传达美的技能，让他的人生充满美和艺术的温馨和趣味。

"从孩子涂鸦探索到给涂鸦赋予意义、能够命名，再到可以用形象表达自己的想法，一直到绘画技巧和表达的进一步完善，人的绘画

---

① 王阳明：《王阳明全集》，线装书局 2012 年版，第一册，第 164—165 页。

能力的发展基本上都会遵循这个规律。……在孩子涂鸦发展的过程中，任何一种不恰当的干扰，都会给孩子的发展造成巨大的影响。但如果不做任何引导，任孩子自由发展，那孩子又会长期停留在涂鸦的初级阶段，表达能力得不到提升。家长要根据孩子自身能力发展的不同，给予适时的、正确的引导。"[1]儿童美育所涉及的问题并不是单一的，儿童美育研究需要关注多元因素和多个阶段的关联性。审美知识教育和审美技能教育是基础，在儿童时期教育中就需要打下。但不能认为儿童美育只要达到这个目标就可以了，必须将儿童美育与人一生的发展目标相关联，才能既尊重儿童特性，又能高瞻远瞩。

今天，市场经济的高度繁荣、科技文明的快速发展、物质财富的急剧积累、生活节奏的空前加快、竞争压力的逐渐加大，都对儿童的发展教育提出了更高的要求，智育的因素非常重要，情感能力、意志品格也具有了不同于以往的更高要求，如对个体独立性的要求，对人际关系和谐性的要求，对团队合作能力的要求等，实际上，当今时代，对于个体全面健康可持续发展的要求比以往任何一个时代都更为迫切，这也使得儿童美育成为更具时代意义的现实课题。

今天，高科技的飞速发展，电子美学的问世，计算机技术、动画制作技术、虚拟现实技术等电子技术的新发展，为儿童的视听审美提供了新的方式、媒介和内容。如 3D 儿童动漫、计算机绘画、电子文学小报、多媒体视频节目制作等，为儿童的审美和艺术实践提供了丰富的可能和渠道，甚至提供了某种意义上更真切、更强烈的体验。另一方面，儿童也可能足不出户，沉醉于电视、手机、计算机的声光电世界中，沉迷和上瘾，这必须引起教育工作者的重视。

---

① 苏清华：《艺术人生的开端》，明天出版社 2010 年版，第 12 页。

第一章
基础建构：美育与当代儿童的一般发展

　　儿童时期是一个人身心各方面都处于快速变化的时期。由遗传基因所决定的身体器官发育和神经机能的不断完善，构成了儿童发展的生理基础；在与周围环境的相互作用中，儿童各方面的精神能力不断得到提升，逐渐发展形成自己的人格，并成长为健全的社会主体。在儿童整个发展过程中，美育的作用既是重要的，也是具有基础意义的。美育与儿童的天性相契合，对儿童生理、认知、道德等知情意各要素，都有着独特而不可忽视的作用。美育的作用不是遗传基因的简单发挥，不是知性认识的规范要求，也不是伦理意志的强制约束，但在儿童的身体发展和心理提升中，因为其生动独特的途径、内容、方法、效能等，可以成为极其活跃、基础、重要的因素。

第一节　美育与当代儿童的生理发展

人的审美活动作为高级精神活动,要受到个体的生理基础的影响制约。热爱艺术和美的人,大多感官敏锐、情感丰富、拥有激情和创造力。复杂活跃的情感活动和精神活动对人的生理发展,有着或直接或间接的刺激和影响。本节,我们将探讨美育对儿童生理发展的独特影响和作用。

儿童的生理发展是衡量其健康状况的重要指标,也是其心理发展的基础。儿童的生理发展,虽然受生活环境、营养、疾病、遗传等因素影响而存在个体差异,但总体还是遵循一定的规律。如生长发育的阶段性和连续性,发育速度的不均衡性等。儿童时期的生理发育新陈代谢旺盛,骨骼逐渐骨化,肌肉力量尚弱,大脑皮层兴奋,好奇心强,但持续性和调节性弱,儿童美育须充分遵循儿童的生理发展特点,才能产生积极效应。

一、当代儿童的生理发展与健康

人体的生长发育是一个极其复杂的生物学过程,从胚胎开始到出生,经过儿童期到青春期,最后到成熟。生长一般指形体的增长,即机体在新陈代谢的基础上,细胞繁殖增大,细胞间质增加,身体各器官、大小(长短)、重量等的系统增长。发育一般指身体机能的发展成熟,即在形态改变的基础上细胞与组织的分化及功能的演进,表示身体机体的构造及其质的变化。生长与发育是紧密地交织在一起的,生长是发育的前提,发育包括生长。儿童是人体生长发育的重要时期。

在人的整个生长发育过程中,从生理上说,人体有两个生长突增阶段。第一个突增阶段是由胎儿时期开始至出生后的 1 岁。这一时期不论身高、体重均为增长速度最快的时期。第二个突增阶段为女生约 10—14 岁,男生约 12—16 岁。这个阶段男女生发育差异较大。儿童期在第一个生长突增阶段之后和第二个突增阶段之前,生长发育基本处于匀速阶段,但又有青春早期快速增长的特点。如从身高、体重来看,儿童期体格发育基本上是平稳的,身高每年约平均增长 4—5 厘米,体重每年约平均增长 2—3.5 千克。在青春早期到来后,人的体格发育会进入一个快速增长的阶段:男孩身高每年约平均可增长 7—9 厘米,最快的可增长 10—12 厘米;女孩每年约平均可增长 5—7 厘米,最快的可增长 9—10 厘米。从骨骼、肌肉来看,儿童期的骨骼有机物和水分多,钙、磷等无机成分少,所以弹性大而硬度小,不易发生骨折,但易发生变形。不正确的坐立行走姿势会引致脊柱侧弯、后凸等变形。另外需要注意的是,儿童的肌肉生长主要是纵向生长,纤维较细,力量和耐力都比成年人弱很多,易疲劳。

儿童在身体生长发育的过程中,神经系统也在逐步地发展和成熟中。儿童期的大脑活动,大脑皮层在兴奋状态下具有良好的反应能力,学习、活动能力强,效率较高。但兴奋持续时间较短,较难使注意力长时间集中,易产生疲劳。因此,儿童的脑力活动要特别注意激发和培养兴趣,要重视劳逸结合。

随着社会的发展,当代儿童成长在物质条件方面有了很大进步,营养和医疗方面都有了极大的改善,健身运动场馆、体育设施也有了明显的提高,但也仍然存在着一些需要重视的问题。如一些儿童的体重过重或过轻,导致体形不够美,出现小胖子、"豆芽菜"、躬腰驼背等。这既有部分家长营养健康意识欠缺的问题,也有儿童本身的问题。一些家长不清楚健康合理饮食的重要性,或者根本不清楚何为健康合理的饮食,导致不能培养儿童良好的饮食习惯。儿童挑食,营养不均衡,或者营养过于富足,导致儿童的身体不健康。特别是在国内食品饮料行业还存在监管不力的情况下,长期大量食用或饮用一些高糖、高脂的零食或饮料必然带来身体损害。儿童自控能力不强,在家长的纵容下,小小年纪因习惯大鱼大肉的食物或者喜欢喝高糖饮料而出现肥胖症或者糖尿病的极端情况目前都不罕见。还有部分儿童因为家长疏于引导、教育，而沉迷于电视动画片、网络游戏，夏天、冬天习惯于呆在空调房，不愿意走到户外，不喜欢运动，体质变差。一些大城市，由于城市规划的问题，公共绿地少，儿童可能不具备经常亲近大自然的客观条件，从而造成儿童体质状况的下降。还有儿童视力的问题，有些儿童从小就近视了，需要佩戴眼镜。或者因为遗传，或者因为不注意用眼卫生，特别是因为当今中小学课业负担过重，小学高年级学生就开始出现近视问题，已经成为学校里的常见现象。这虽然已引起了人们的关注，但问题的解决始终不很理想。特别是在手机、平板电脑等数码产品大量进入普通家庭的情况下，很多儿童从幼儿时期就习惯于玩电子游戏，当今的声光电高科技给儿童的用眼卫生带来了很大的挑战。还有一些儿童，因为环境的问题、激素的问题等，导致先天缺陷、免疫疾病等。美育不可能解决所有的问题，特别是生理功能性为主的问题，但懂得审美的知识，树立正确的身体美学观，有助于从儿童时期开始，就与体育的生理功能相结合，更好地去关注、打造、提升身体的健康美。

二、美育与体育

体育以人的身体运动和科学锻炼为基本方式，达到提高运动技能、增进健康、增强体质的目的。根据美国心理学家埃斯特·西伦(Esther Thelen)的动态系统理论，人的感知、精神活动和动作的运动技能是结合在一起，逐渐培养起来的，因此体育运动从来不是单纯生理性的。[①] 在体育运动中，健与美向来是紧密联系在一起的。体育中包含了许多美育的因素，美育可以促进和丰富体育的人文内涵。

体育可以强健人的体魄，美育则引导人去美化自己的形体。现实的人，不可能人人都是宋玉潘安、西施貂蝉。不同的时代，不同的

---

① 约翰·W·桑特洛克：《儿童发展》，上海人民出版社 2009 年版，第 156 页。

国家,不同的民族,有不同的人体审美标准。在女性人体美方面,我国古代"燕瘦环肥"的变化,清楚地说明了随着时代的推移,人们的人体美观念所发生的变化。大体说来,我国古人的人体美观念,自魏晋时期开始就形成了一方面重视内在精神美的重要性,一方面在外在人体美方面重视"肤白眼亮"的特点,即人们推崇一种具有人格感染力,好像在"发光"一样的人物形象。而在西方,总体来说,人们更为重视外在身体的健康,甚至是健壮。身体比例和谐、肌肉发达、健康有力的人体,是西方人所推崇的。不过,尽管标准不一,东西方还是有相对一致的审美趣味的。特别是随着经济的全球化,人们在人体美方面也有了更多的共同观念,如:身材高大匀称,肌肉发达有力,皮肤光滑紧致,行动迅捷灵活,姿态端庄优雅等,得到了人们的共同认可,推崇"健康活力"成为具有人类普识性的人体美理念。

健、力、美的统一与和谐,是人体美的基本体现。重视儿童的身体健康,为儿童开设健美操、民族舞、拉丁舞等培训项目,就是美育和体育的有机结合,它在枯燥的生理训练中融入了美感趣味,可以更好地激发儿童的学习热情,适合儿童的心理特征。

仅以健美操为例。健美操是深受人民群众喜爱的综合性体育项目,它融体育、舞蹈、音乐为一体,集体育锻炼与娱乐为一身,受到广大社会人士和在校学生的广泛欢迎。通过风格各异、节奏鲜明的音乐作品来协调动作节奏,同时通过精心设计的具有自我表现功能的舞蹈性动作,来实现身体锻炼的目的,健美操就很好地把美育和体育有机结合起来了,这是它能够受到人们欢迎的关键原因。另外,健美操的练习和表演是集体性的,这也有利于健美操练习者培养集体意识,提升团队精神。

儿童健美操根据儿童的身体特点,利用他们喜欢的音乐和动作,来宣泄激发内心的情绪,实现锻炼、健美身体的目的。而儿童健美操的练习和表演中,身体健美锻炼的目的相对弱化,让孩子们动起来,促进其感知能力的发展,协调其身体机能,成为主要的诉求。总之,美育和体育的结合，降低了体育锻炼的单调性和枯燥性，能很好地调动儿童运动的兴趣，实现协调动作、保持身材、提高身体机能等体育锻炼的目的。另外，体育与美育的结合，使得美育的原则、精神、方法等引入体育教育，可以有效调节单纯关注体形、体格、体魄的片面倾向，提高掌握运动技能的成效。比如在舞蹈、花样滑冰、体操等运动中，乐感和节奏感直接影响着他们的肢体动作，使其更灵敏、和谐。一个体育项目要达到高水平，也不是各个单个动作的简单机械组合，而是多种因素协调配合的结果。这就要按照美的规律来进行组合和塑造，从而达到动态美、节奏美、造型美等变化与和谐的整体美。一些体育项目，可以说是与艺术"联姻"的，如自由体操、艺术体操、花样滑冰等，它们对美的因素和要求更为突出，与美育的关系也更加密切，这些体育运动更多地体现出赏心悦目的美感效应。

在现代社会中，小区、街道、公共绿地的体育设施不断增多，运动场地也在不断扩大，这为儿童在日常生活中锻炼身体，强健体能体魄创造了良好的条件。而家长作为这种休闲型身体活动的指导者或管理者，如果懂得美育的一些方法和原理，在指导儿童身体锻炼时，可以适度把握好生理活动和美感愉悦的有机联系，从而能有益于儿童的身心健康。比如最基本的运动姿势的指导，这不仅与体育锻炼的科学性有关，也与儿童体形美的追求紧密相连。再如引导儿童进行适当的力量训练时，究竟应该加强哪些部位的力量练习，练习强度应该多大为宜？这些问题也需要结合儿童体型特点具体考虑。

第二节　美育与当代儿童的认知发展

长期以来,我们的学校教育主要是以促进智力发展为核心的。这实际上也是在儿童发展研究中长期流行的一种观点,即主要把人看成认知主体,而把儿童发展主要看成是认知的发展。事实上,儿童的发展,既是智力的发展,又不仅仅是智力的发展。只有包含知情意和身体在内的身心全面健康的发展,才能为儿童一生的成长发展打下良好的基础。而美育就是促进儿童全面发展的多维教育手段之一。

一、当代儿童的认知发展与智慧

随着儿童进入学校学习,就开始接受系统的教育,掌握基本的知识和技能,养成一定的道德行为习惯,逐渐建立和健全自我的人格。儿童的感觉知觉逐渐发展,对事物的观察和认识也更加细致而有序。儿童的记忆能力发展迅速,以机械识记、形象记忆为主,逐渐发展到意义识记和抽象记忆,并且逐渐学会主动通过记忆策略来帮助识记。儿童的语言能力不断增强,从口头言语的运用到书面语言的掌握,逐渐学会阅读和写作。儿童的情感能力逐渐提升,感情的体验逐渐加深,情感的调节逐渐加强,情感的表达日益丰富。儿童的思维能力则以形象思维为主,逐渐向逻辑思维发展。按照瑞士心理学家皮亚杰提出的儿童认知发展理论,个体从出生到儿童期结束的认知发展,一般要经过感知运动(依靠感觉与动作认识世界)、前运算阶段(运用简单语言符号和表象思维认识世界,缺乏可逆性)、具体运算阶段(运用逻辑思维和零散的可逆运算认识世界,一般只能对具体事物或形象进行运算)和形式运算阶段(运用抽象思维和命题运算认识世界)。皮亚杰的结论是,儿童的认知发展几乎都遵从同一个顺序,似乎年幼的儿童总比年长的儿童"笨",因此,儿童智力的开发和认知能力的发展水平跟所受的教育水平有着关键而直接的联系。但皮亚杰认为，教育的真正目的并非只是增加儿童的知识储备量，而是需要设置相应的挑战环境，让儿童自行探索，主动学到知识。同时，在儿童认知发展的不同阶段，儿童个体在认识和解释事物的方式上也各有不同，所以需要准确了解并根据儿童的个体特点来进行辅导。忽视儿童的具体成长阶段、认知状态、个体特点的差异，就会给儿童带来压力和挫败感，扼杀他们求知的兴趣。

美育具有具体生动的特点，是一种儿童乐于接受的方式。利用美育能够更好地引导儿童的认知发展，促进其智慧开发。比如，脑科学研究就表明，在人脑的发育过程中存在着一个持续10年左右的学习关键期，在此期间，儿童的学习效率最高、最易学。其中，人生命的早期就有一个学习音乐的关键期，听觉是新生儿第一个能够使用的感觉，胎儿在母体子宫内就能对音乐产生反应，出生5个月的婴儿能够分辨出伴音，8—11个月能够记忆旋律，1—2岁能够感受节奏、风格、音色的不同，2—3岁能够引发情绪共鸣，3—4岁能够记忆歌词。2—5岁是早期音乐教育的重要时期，5—10岁是儿童音乐能力开始走向成熟的关键时期。"8岁时，在开始注意旋律和节奏的基础上，将出现对和声的认知发展。"①

儿童音乐创作、欣赏能力的发展规律与其认知发展的规律大体类似，这决定了利用音乐教育等美育途径引导、促进其智慧发展的重要性。特别是，音乐与语言存在着密切联系，音乐美育的形象性、创造性和想象自由性等特征决定了它对儿童早期智慧发展的重大作用。试想幼儿园的小朋友在唱着儿歌《小燕子》时，还需要特别提醒他们"春天燕归来"的自然常识吗？还需要特别对他们讲述新时代的社会变化吗？"小燕子，穿花衣，年年春天来这里。我问燕子你为啥来？燕子说：'这里的春天最美丽。'小燕子，告诉你，今年这里更美

---

① 尹爱青、曹理、缪力：《外国儿童音乐教育》，上海教育出版社2011年版，第27页。

丽。我们盖起了大工厂，装上了新机器。欢迎你长期住在这里。"优美的旋律，清新的歌曲意象，会让儿童在愉快的歌唱中自然地学习各方面的知识。总之，儿童的智慧开发不只取决于其认知能力的发展，智慧并不单纯地指认知能力，而是以智力为核心的精神能力的实践表征。充分利用音乐、文学等美育实践方式的作用，能更有效地促进儿童认知能力的发展，提升其智慧水平。

二、美育与智育

现代教育对儿童智育的高度重视，造成一切以智育为中心，过分强调智育的偏颇。美育与智育确实关系密切，但不能以智育取代美育，也不能将美育智育化，使美育等同或附属于智育。智育促使儿童掌握丰富的科学知识，提升儿童的认知能力。而美育的参与，可以提高儿童的学习兴趣，助推智力教育的成效，并推动智力在实践中转化为智慧。

更为重要的是，从儿童发展的整个过程来看，儿童的认知发展可以看作人的感性思维不断理性化的过程，即儿童发展的早期，其思维特性偏向于艺术性、审美性的，这决定了美育在儿童认知发展中的突出地位。

审美和艺术的训练，也可以帮助儿童打下耳聪目明、心灵手巧的基础。美国著名作曲家、教育家赫伯特·齐佩尔博士说："学习音乐不仅是为了艺术、为了娱乐，而是为了训练头脑，发展身心。"[1]如乐器的演奏就需要动手动体，也要动脑动心。绘画、舞蹈、唱歌等，无不如此。

审美和艺术的训练，还可以帮助儿童增强记忆力，推动创造力的迸发。审美和艺术带给人的情绪记忆、形象记忆，有时比概念记忆更持久更深刻。而艺术的本质就是个性与独创，艺术是最富有创造品

---

[1]　沈建军：《音乐与科学》，上海音乐出版社1989年版，第74页。

　　　　　　　　　　　　　　　美育与当代儿童发展

格的人类实践活动之一。科学与艺术都需要创造。我国古代发明家和天文学家张衡，英国生物学家和进化论的奠基人达尔文，都是诗歌的爱好者。相对论的创立者、物理学家爱因斯坦断言："在科学的领域里，时代的创造性冲动有力地迸发出来，在这里，对美的感觉和热爱找到了比门外汉所能想象得更多的表现机会。"[1]他的一生，除了为之迷醉的科学探索，还有音乐与他相伴。音乐启迪着他的智慧和灵感，丰富着他的精神生活，为他潜心探索科学问题创造了必要的条件。

现代科学研究证明，胎儿已有超过我们想象的发达知觉。受过音乐胎教的儿童，无论从性格气质还是从智力发展上，都比未接受过的好得多。音乐胎教宜选择柔和抒情的轻音乐，使胎儿感受到温馨的环境，为今后的良好性格和人际融合打下基础。学习音乐，无论是声乐还是器乐，都对儿童的听觉感知以及其情感能力的发展有重要的积极影响。普通人不怎么留意的音色、音高变化等声音特性，学习过音乐的人都会有比较敏锐的感知，其情感能力也会变得特别突出。

在学校教育中，美育因素的融入可以调动学生学习积极性，使学习的方式更加具体生动，帮助打通各门课程之间的学习关联，提高整体学习效益的功效。如鉴赏文学作品、野外美术写生等，可以培养学生的观察力、想象力、思考力。像大家都熟知的达·芬奇小时候学习绘画的例子。刚开始时，达·芬奇对连续不断地画鸡蛋感到不耐烦。是老师告诉他，画鸡蛋很不容易——在上千只鸡蛋中从来没有两只形状完全相同的鸡蛋，即使是同一只鸡蛋，只要换一个观察角度，它的形状便立刻不同了。从这个故事，我们就可以知道，学好绘画对视觉感知力培养的重要作用；而这种视觉感知训练对认知活动是大有裨益的。

美育活动中，儿童与审美对象的主客相互作用，有利于他们更深

---

① 《爱因斯坦文集》第3卷，许良英、赵中立、张宣三编译，商务印书馆1979年版，第373页。

入地认识对象，了解自我。儿童对审美对象的捕捉和欣赏，借助审美的中介作用，能够更深入地认识和把握对象，这是由于审美心理活动中的审美直觉所决定的。而在此过程中，儿童也将更深地了解自己的情感和内心，因为在主客体的审美作用中，主体的特征也会在审美客体的激发下更鲜明地呈现出来，促使审美主体达到意识自觉。在儿童艺术美育中这一点表现得更为明显。比如我们上文提到的达·芬奇学习画鸡蛋。当达·芬奇能够画出不同于他人常见的鸡蛋时，意味着他对鸡蛋有了不同于他人的深入观察，而这同时意味着他自己独特的审美个性的形成。儿童在艺术创作中对人或者事物成功的艺术表现也同样如此。这意味着他对艺术对象有了独特的审美发现，而这种审美发现，也是儿童逐渐形成和明晰自己的审美个性的过程。

此外，艺术审美中对均衡、匀称等形式美特点的体认，也可以启发学生在数学、化学、物理等课程中对公式、方程、比例等的学习。美学中的科学美揭示了美感与科学之"真"的关系。西方最早从毕达哥拉斯学派的"美是数的和谐"开始，人们就认识到特定的数学比例关系是美的，如著名的黄金分割律。从音乐中的数学比例关系出发，毕达哥拉斯还提出了天体运行的和谐所产生的"宇宙音乐"问题，这直接影响了后代物理学家、天文学家对天体运行规律的研究。古希腊人还特别推崇"对称"的美。他们认为在各种图形如圆形、正方形、长方形中，圆形是最美的，因为圆形具有最高的对称性，即旋转对称。另外，艺术美中的简洁美，在数学、物理学等学科的科学研究中有更为突出的表现。一则物理学定理，一则数学公式，就能揭示大千世界中无数事物或者现象背后的规律，这些原理、公式所呈现出的高度抽象和简洁性，具有强大的审美魅力。这些都能够有效地激发儿童对数学和物理学等的学习兴趣。

总之，写写画画、说说唱唱绝不是儿童教育中可有可无的点缀。美育除了直接提升儿童审美水平、发展儿童审美能力的作用外，它对儿童的智力教育有着很好的促进作用。

第三节　美育与当代儿童的道德发展

美以真善为内质,蕴真涵善。审美的愉悦能给人真的启迪和善的教益,这也是美育辅翼智育和德育的重要功能。就引导、促进儿童的道德发展来说,美育"寓教于乐"的特点更贴近儿童的天性,往往比强制性的道德教育更有效果。通过美育来推动儿童的道德发展,是一种润物无声和潜移默化,是一个缓慢但深入的变化过程。

一、当代儿童的道德发展与同情

道德感作为人的心理要素之一,驱动和支持人的行为规范,是人与人、人与社会关系的重要尺度。每个人来到这个世界,就开始了由自然人向社会人的转化过程。虽然儿童处于社会生命的初级阶段,社会活动也不丰富,但他们也是社会的一分子。儿童时期的道德教育关系到一个人一生的道德认识、道德情感、道德行为。

法国启蒙主义思想家让·雅克·卢梭推崇"自然教育"。他认为,12 岁以前是人的理性的睡眠期,在这一时期既不能进行知识教育,也不能进行道德教育。这一观点明显过于偏颇。仅以儿童的道德发展论,儿童的道德发展并不一定是完全自觉的,但其发展的事实和重要性是毋庸置疑的。我国儒家思想对儿童的道德意识和道德感的培养是高度重视的。以儿童的认知特点来看,儿童往往不是以"主客二分"的理性方式看待万事万物,而是以"推己及物"的同情方式来把握周围世界。他们与小草小花对话,把小狗小猫当成小伙伴来对待,这种"同情"地把握事物的态度,使儿童的认知思维易于呈现出一定的道德色彩。不愿意践踏小草、采摘小花,生怕其感觉到疼痛,儿童的天真善良并不鲜见。一位幼儿园的小男孩做连线题来学习动物以什么为食物时,对于大熊猫与竹子、羊与青草的关系很自然地进行了划线连结,而对"狼与小羊"却坚决不肯把它们连在一起,因为他不愿意接受狼以小羊为食的残酷。

今天,在科学的儿童心理发展研究中,学者们早已超越卢梭的观点对儿童的道德发展给予了客观的考察探究。人们发现,儿童也许无法理解种族歧视和经济不平等这一类概念术语,但能够理解评判包含这些概念的情境。比如像清洁工比教师的工资少,小学低年级绝大部分儿童都会觉得不公平,认为他们的工资应该一样高。只有极少数儿童持不同意见,认为教师的工资应该少一些,因为他们主要在教室里工作,而清洁工要做清扫厕所等更为脏累的工作。在虚构的故事情境中,对于长鼻子的人能够得到工作机会,而圆鼻子的人则无法被聘用,儿童也表现出了可贵的道德义愤,认为这并不公平。因此,我们完全可以认为,儿童能够对歧视和不公正有所认识和了解。[①]

一个人道德上的成熟,主要表现在尊重准则和追求公正两个方面。对儿童的道德判断是根据儿童对规则的态度开始的,并且儿童的道德判断是一个从他律到自律的发展过程。瑞士心理学家皮亚杰认为,儿童道德教育的目标就是使其达到自律,认识到道德规范的相互尊重和社会合作原则。美国心理学家科尔伯格在继承皮亚杰基本观点的基础上,认为儿童的道德发展是循序渐进的,受儿童思维发展水平、社会具体环境等影响。

道德判断水平的高低对道德行为的选择具有直接的制约作用,因此需要重视和提升儿童的道德判断水平。这除了直接的道德教育,也可以通过美育来推进。如同情是日常生活中所体验到的与他人或外物共有存在状态的一种情绪反应,是理解和共享他人或外物的情感的重要能力。在道德行为中,同情是一种对他人或外物的共鸣,及关心、赞成、支持的情感,以及由此引发的助人为乐、伸张正义、爱护弱小等动机和行为。"道德良心的发展与个体的同情心有最密

---

① 约翰·W·桑特洛克:《儿童发展》,上海人民出版社 2009 年版,第 361 页。

美育与当代儿童发展

切的关系,'对一切生物的无限同情是道德行为最结实的和最可靠的保证'。当个体的同情心高度发展,能够真切地感受他人的心理,或把自己纳入他人的心境时,他不仅能从'我'的角度,也能从自己内心中的'他'的角度来评价自己的行为;如果自己的行为有过错,就会产生内疚感和罪恶感。"[1]同情心的活动,在审美活动中,即立普斯所说的"移情"。这种移情包括审美者把自己的审美情感投射到审美对象上,"以我观物,物皆着我之色彩"的状态,和设身处地地体会物之内在精神状态,人好似化身为物的状态。无论哪一种状态,物我双方的情感处于融合统一状态,主客体合一、物我不分。"同情—移情"使美育活动可以有效培育儿童的情感能力,使儿童更好地体味自然、关爱动物、亲近他人、融入社会。

二、美育与德育

没有艺术的文化是不完整的文化,没有美育的教育是不完整的教育,没有艺术素养的儿童是不完整的儿童。把美育等同或附属于思想政治教育,把艺术教育完全当作德育的媒介和手段的做法,都是对美育的误解。美育与德育各有自己的特点和规律,不能相互替代或从属。但两者之间有着密切的联系,特别是在德育中积极渗入美育的因子,可以促进德育发挥的成效,推动儿童教育的全面科学的发展。

古希腊先哲柏拉图认为道德教育始于美育,因为道德教育最初是在快感、痛感等"知觉"层次上进行的,儿童美育由此发展了儿童的最初德行本能,它使人在理智尚未成熟的幼年时期,就形成对美丑的正确好恶。而到了理智发达阶段,人就可以亲密地接纳理智,把善和美当作老朋友,自觉自愿地排斥丑恶。我国儒家文化的宗师孔子也主张美善相济,倡导通过"六艺"来进行道德教育,重视诗教和乐教。

---

① 童庆炳主编:《现代心理美学》,中国社会科学出版社1993年版,第122页。

孔子亲自删诗三百,才有流传至今的不朽《诗经》。他品鉴音乐,指出韶乐"尽美矣,又尽善也",武乐"尽美矣,未尽善也"。①

在德育中导入美育,可使理性灌输变成生动形象,使道德说教转化为道德情感陶冶。一个人了解了道德规范,并不一定就能身体力行。只有当道德规范转化为相应的道德情感时,行为才有内在的驱动力。正如梁启超所说:"理性只能叫人知道某件事该做某件事该怎样做法,却不能叫人去做事,能叫人去做事的,只有情感。"②情感才能使道德强制转化成自愿自由的行为。

美育作为德育的有力手段,是通过激发和培养道德情感来发挥作用的。每一位国人小时候几乎都听过"狼来了"的寓言故事。这个代代流传的寓言故事帮助一代代中国人从小就懂得了不能撒谎的道理。幼儿道德教育的另外一个经典故事是"孔融让梨"——弟弟那么小就知道把大的梨子让给哥哥吃。这个故事帮助儿童明白了谦让、分享的重要性。寓教于乐,在审美的愉悦中自然而然地接受其中蕴含的道德规训,是儿童美育能够有效地发挥德育功能的重要原因。

再让我们来读读小诗人刘倩倩一首传誉世界的名诗《你别问这是为什么》:

> 妈妈给我两块蛋糕,
> 我悄悄地留下了一个。
> 你别问,这是为了什么?
>
> 爸爸给我穿上棉衣,
> 我一定不把它弄破。
> 你别问,这是为了什么?

---

① 陈戊国点校:《四书五经》上册,岳麓书社 2002 年版,第 22 页。
② 《饮冰室合集》第 5 册,文集第三十八,中华书局 1979 年版,第 22 页。

美育与当代儿童发展

哥哥给我一盒歌片，

我选出了最美丽的一页。

你别问，这是为了什么？

晚上，我把它们放在床边，

让梦儿赶快飞出我的被窝。

你别问，这是为了什么？

我要把蛋糕送给她吃，

把棉衣给她去挡雪，

在一块唱那最美丽的歌。

你知道她是谁吗？

请去问一问安徒生爷爷

——她就是卖火柴的那位小姐姐。

凡是读过安徒生童话《卖火柴的小女孩》的儿童，再读湖北鄂州小诗人刘倩倩于 1980 年创作的这首《你别问这是为什么》，还有谁会不被打动？1980 年，"世界儿童诗歌大赛"以"儿童帮助儿童"为主题，给予了中国儿童参与世界儿童诗歌创作比赛的机会。刘倩倩这首作品被评为中国参赛的五首作品之魁，最终被评为全世界 20 首最佳诗作之一。品读这首诗，我们就会明白，多读、常读这类优美细腻的诗歌，能让儿童内心柔软，激发他们的道德情感，促使他们自然地养成同情、关心弱者的善良品质！除了具有丰富的思想内涵的语言艺术之外，绘画、音乐、舞蹈等各类艺术作品也都直接地或间接地对道德情感的激发有着重要的积极作用。

另外，纯正的审美趣味，高度的审美敏感，从来都是道德良善的重要标志。人的道德状态是可以经由审美状态发展而成的。审美作为一种向上的心灵体验，它使我们精神正直，良心纯洁，情感和信念端正，从而由美通至善。苏霍姆林斯基谈到儿童的道德信念的确立时，就认为："在这里，他们的道德信念是在感受美的基础上形成的。"[①]确实，"一切美都产生崇高的感情，而这些情感又会激发人的美德。人们常有这样的体会：当自己置身于美的事物之中，不仅心中会充满愉悦，同时，也会油然产生一种责任感，促使自己的精神升华。"[②]

总之，德育所规定的行为规范，应是美与道德的高度统一。这些行为规范不能仅靠道德说教和惩罚规训来强迫儿童接受，通过审美的中介，使这些行为规范自然而然地成为儿童内心的道德律令，其效力将更为深入、持久、有效。或者直接发挥美育的重要作用，努力培养儿童向善的心灵，这对其道德品质的培养也具有长久的功效。而当经由美育的中介，儿童的道德情感进一步转化为道德行为时，这种行为就不但是善的，也必然是美的。

---

① 苏霍姆林斯基：《和青年校长的谈话》，赵玮等译，上海教育出版社 2009 年版，第 47 页。

② 蒋冰海：《美育学导论》，上海人民出版社 1990 年版，第 136 页。

第二章
立体建构：自然美育与当代儿童的全面发展

　　大自然生机勃勃。儿童自由活泼的天性正和自然炽热的生机相应和。卢梭、福禄培尔等大思想家，在儿童发展问题上都推崇儿童的自然成长，反对成人对儿童发展的过多干预，并且特别倡导在与大自然的亲密接触中进行适合儿童天性的教育。热爱自然，走入自然，让儿童通过感知自然的美而全面丰富生命，是自然美育的要义。

第一节　自然美育对儿童发展的意义

引导儿童走进大自然，使其在四季更替的景色变化中，在蓝天白云、激流飞瀑等自然美景中，舒展身心、感受万物的生机活力，对于儿童发展具有极其重要的意义。

何谓自然？自然是指未经人类改造天然生成的事物。从大的方面讲，无垠的宇宙，浩瀚的银河，蓝天白云，一望无际的大海，均是自然之物。从小的方面看，一滴雨滴，一朵雪花，一片树叶，一只蚂蚁，都是自然之物。德国大思想家、作家歌德将自然比作母亲："她四面将我们环绕"，"把我们纳入她自己的循环往复的舞蹈中"。① 自然养育着我们，我们吃的食物，喝的水，呼吸的空气，都来自她。自然也滋养着我们的感受力、想象力、创造力，让我们生活得丰富而美丽。

中华文化很早就倡导"天人合一"的观念，珍视自然与人的生动关联。我国当代著名美学家曾繁仁先生提出："根本不存在孤立抽象的实体性的'自然美'，也没有'人化自然'之美与'自然全美'，只有生态系统中的人的生存之美，'诗意栖居'的'家园之美'。"② 自然美育就是要充分地融入自然，打开视觉、听觉、触觉、嗅觉全身心地体验自然，去沐浴春风，拥抱阳光，去倾听海螺的呼吸，接受细雨的洗礼，追寻蝴蝶的踪迹。

具体来看，自然美育对于儿童发展的意义主要在于：

自然美育可以唤醒儿童的生命主体意识。自然是一面可以直观自身的镜子。儿童走向大自然，看四季更替、斗转星移，看各种动植物生机勃发，自然能受到感染，唤起自己的生命活力。俄国的著名教育家乌申斯基曾说过："美丽的城郊、馥郁的山谷、凹凸起伏的原野、

---

① 《歌德散文选》，陈宗显译，百花文艺出版社 1995 版，第 227 页。
② 曾繁仁：《生态存在论美学视野中的自然之美》，《文艺研究》2011 年第 6 期。

蔷薇色的春天和金黄色的秋天,难道不是我们的教师吗？我深信美丽的风景在青年气质的发展上所具有的那种巨大的教育影响,对于教师的影响来说,是很难和它竞争的。"①正是在提倡儿童应该向大自然努力学习中,欧洲才出现了"大自然幼儿园"或称"森林幼儿园"。这种幼儿园没有围墙,以三到五岁的儿童为对象,孩子们在这里度过3到5个月的森林生活。每天早上,家长把孩子护送到森林边缘,交给老师,然后十多个儿童一组,由两名老师带领着进入森林,自由地活动、嬉戏,饥餐渴饮。如果遇到暴风雨等恶劣天气,可以就近躲进少年森林之家。孩子们在森林里、草地上自由地玩耍,可能蓬头垢面、弄脏衣服。虽然疲惫不堪,但兴致盎然。这种幼儿园激发了孩子的天性和活力,也让孩子在玩耍中肯定了自己。现代儿童教育观认为,儿童是能动发展的主体,儿童发展是主体活动的结果。正如皮亚杰所说,儿童是在活动中不断运用感官,不断与周围环境交互作用,能动地吸收环境的影响,并通过自身的同化能力,而不断获得发展的。自然美育正是唤醒儿童生命主体意识的生动途径。

自然美育可以培育儿童的生活情趣。当代社会,工业化信息化程度越来越高,城市人口不断增加。科技的发展,使越来越多的孩子在钢筋水泥的丛林中诞生并成长起来,伴随他们成长的不是清清的溪水、调皮的小鱼,或者枝头跳跃的小鸟,而是日新月异的各种电子产品,甚至虚拟的电子生物。足不出户便可饱览天下,使得很多孩子把大部分休息、娱乐时间花在电视、电子游戏上。虚拟世界对他们的吸引力超过了大自然。经济发达国家正在出现"室内儿童",这些孩子只喜欢在室内活动,对自然和生活的情趣非常冷漠。"室内儿童"的前代,可追溯到二十世纪八十年代欧洲发达国家的"沙发土豆",那些把大部分非工作时间用于躺在沙发上看电视吃薯条的年轻人。二十一世纪以来,网络越来越发达,"宅男宅女"开始盛行。倡导儿童、

---

① 蒋冰海:《美育学导论》,上海人民出版社1990年版,第317页。

青少年走到室外,走进自然,乃是健康生活的基本要求。自然中的一花一木,一虫一鸟,都来自天地的化育。鲁迅在《从百草园到三味书屋》里写道:"不必说碧绿的菜畦,光滑的石井栏,高大的皂荚树,紫红的桑椹;也不必说鸣蝉在树叶里长吟,肥胖的黄蜂伏在菜花上,轻捷的叫天子(云雀)忽然从草间直窜向云霄里去了。单是周围的短短的泥墙根一带,就有无限趣味。油蛉在这里低唱,蟋蟀们在这里弹琴。翻开断砖来,有时会遇见蜈蚣;还有斑蝥,倘若用手指按住它的脊梁,便会拍的一声,从后窍喷出一阵烟雾。何首乌藤和木莲藤缠络着,木莲有莲房一般的果实,何首乌有臃肿的根。有人说,何首乌根是有像人形的,吃了便可以成仙,我于是常常拔它起来,牵连不断地拔起来,也曾因此弄坏了泥墙,却从来没有见过有一块根像人样。如果不怕刺,还可以摘到覆盆子,像小珊瑚珠攒成的小球,又酸又甜,色味都比桑椹要好得远。"①多么美好的世界! 有什么能够替代这些鲜活的自然生命给人带来的勃勃生机和丰富情趣呢?!

自然美育可以推动儿童的道德发展。自然美的发现和欣赏,对人的道德发展具有重要的意义。德国美学家康德非常明确地肯定了自然美的欣赏与人的道德修养之间的密切联系。他说:"对自然的美怀有一种直接的兴趣(而不仅仅是具有评判自然美的鉴赏力)任何时候都是一个善良灵魂的特征;而如果这种兴趣是习惯性的,当它乐意与对自然的静观相结合时,它就至少表明了一种有利于道德情感的内心情调。"②如中国古代哲人所倡导的"比德说",就触及了自然美与道德美相统一的奥秘。

所谓"比德",是指人们在面对自然事物时,主要从道德象征的角度来感知,即人们关注的是自然事物的形状、颜色、气味以及生长特性等要素特征与人的道德品质的象征比附关系。山,高大稳重;水,

---

① 《鲁迅全集》第 2 卷,人民文学出版社 2005 年版,第 287 页。
② 康德:《判断力批判》,邓晓芒译,人民出版社 2002 年版,第 141 页。

流动不息。人们很自然地把它们分别当作"仁"和"智"的象征物而去把握。从春秋时代开始，随着重视君子道德人格的陶冶的儒家思想的出现，"比德"自然审美观就成了我国古典自然美学思想中的重要学说。"比德"与后来魏晋南北朝时期所产生的"畅神"自然审美观是不同的。所谓"畅神"，指的是人们在走向大自然后，关注的是山水等自然事物的自然特性本身能否给人带来审美愉悦，即人们关注的是自然事物的色、味、形等特性对审美者来说是不是本身就是悦耳悦目，并且能够带来精神愉悦舒展的。简单地说，"比德"自然审美观中审美主体关注的是自然事物的道德象征意义，而"畅神"自然审美观中审美主体把注意力集中到了自然事物所带来的感觉悦乐及其精神舒展。从美育的角度来说，"比德"自然审美观突出了自然美对审美者的道德感染作用。面对梅兰竹菊，人们体会到的是不畏严寒坚守信念的崇高人格境界，是超脱隐逸不肯同流合污的隐士情怀。面对高山流水，人们联想到的是仁者的厚重不迁、智者的圆转通达。这种种审美体验，都是把自然美的欣赏与弘扬君子的人格境界相关连。而"畅神"在美育中也具有重要的意义。它注重的是审美主体的精神舒展和生命自由，这是生命美育极为重要的价值维度，是道家庄子的鱼乐、梦蝶的生命逍遥境界。

相较于艺术美育和社会美育，自然美育在推动儿童的道德发展方面有其特殊的作用。因为走向大自然，意味着生命的自由、自然，由此而培养起来的道德观念更深契儿童的生命本性，更能得到他们的内在认同。如美国作家盖瑞·伯森所写的《手斧男孩》系列作品，通过讲述男孩布莱恩身上发生的系列野外求生故事，揭示了野外丛林生活对布莱恩的成长的深刻影响。伯森的作品虽然只是通俗小说，但作品对城市文明的反思，对大自然与人的关系的认识发人深省。布莱恩的野外求生历险，使得丛林成了他生命中永远也抹不去的深刻记忆。"一旦你在丛林里生活过，嗯，你可以让自己离开丛林，却永远无法把丛林从你的心里抹去。"①这种"丛林记忆"使得布莱恩比城市的孩子更为勇敢、独立、谨慎、感恩,也使得布莱恩再也无法忍受都市的无聊、琐碎。正如"久在樊笼里,复得返自然"的陶渊明更为推崇田园生活的自由,热爱大自然的儿童会特别讨厌束缚天性的各种人为规范。

远离大自然,容易导致儿童的肥胖、抑郁等生理、心理问题,其中比较突出的是会使儿童缺乏爱心。美国作家理查德·洛夫在畅销书《森林里的最后一个孩子》中,就指出"室内儿童"将会遭遇"内心残暴"这一恶果。肆意虐待动物,任意践踏草地,随意毁坏玩具等都是其表现,而且这种满腹戾气、缺乏爱心的表现还会进一步造成校园暴力的泛滥。目前,我国未成年儿童的校园暴力问题已经变得比较突出。据 2015 年 7 月 31 日的《天津日报》报道:"近日,贵州毕节纳雍县八年级学生郑雄,在考试后回宿舍的路上被多名同学强行拉出学校,遭围殴后死亡。在此之前,江西永新县 9 名女生围殴另一女生;四川资阳乐至 3 名未成年少女对一女孩施暴;福建福州永泰初三男生遭围殴脾被切除,此前被同学欺凌 4 年……据不完全统计,今年上半年,媒体报道的具有一定社会影响的校园暴力事件就有四五十起。纵观这些暴力事件,不难发现,无论是施暴者还是受害者,几乎都是未成年人。其中,大部分人还是在校读书的学生。"人们在谴责青少年暴力的同时,更应该考虑如何防止这样的事情发生,这才是根本性的。化解儿童心中的戾气,让爱心充盈,是儿童发展教育中的大问题,而让儿童亲近大自然,从根本上热爱生命,是化解问题的一条重要路径。

让孩子走入大自然,增加对生命的了解,培养对自然的热爱,在当下尤具重要的意义。随着我国社会经济的不断发展,人民的生活

---

① 盖瑞·伯森:《手斧男孩4 寻找鹿精灵》,于海生译,吉林文史出版社 2013 年版,第 73 页。

越来越富裕,儿童活动的场地也越来越高级。这些按照现代化标准建设的儿童游戏场地,安装的都是成套的、现代化的游戏设施。塑胶地面代替了泥土;人工草坪代替了花草。孩子们在这些标准化的钢铁、塑料中玩耍,很难接触到真正有生命力的、自然多样的东西。孩子们离大自然愈来愈遥远,是我国当代儿童特别是都市儿童正在面临的严重问题。

真实的自然更符合孩子的天性,自然的环境能为孩子提供更广阔的天地,更好地锻炼孩子的体能和运动技能,更好地促进儿童生命力和创造力的发展。如校园中的攀登架,阶梯之间的距离都是相等的,儿童无须特别认真探究和注意。而自然的山地,高低起伏不定,甚至是崎岖不平,经常攀爬、行走能够很好地锻炼儿童的体能。丛林中,枝桠丛生的树木给孩子提供了攀爬机会,能够很好地改善他们的运动技巧。灌木丛、洞穴等给孩子提供了隐蔽的个人空间,刺激着孩子的想像力。总之,大自然生机勃发,变化万千。面对自然,有利于儿童锻炼出从容应对各种变化的能力。体味自然,也是温暖我们心灵和灵魂的重要途径。

鉴于自然对儿童发展的重要意义,欧美各国曾先后提出"蓝天下的学校"、"自然幼儿园"等概念。美国有机构还倡导"绿色一小时"活动,引导儿童每天至少在户外活动一个小时。这个活动还得到了迪士尼、杜邦等大公司的资助。美国还在法律层面上保障儿童与大自然亲密接触的权利。到2011年底,美国已经有21个州颁布了儿童户外权利法案。这些都对我国当前的儿童教育发展有着重要的启示。让儿童走出室外,融入自然,欣赏自然之美,将成为我国当代儿童美育的重要理论课题和实践命题。

第二节　多样化的自然审美形态

大自然物种丰富,形态多样,令人叹为观止。根据现代生物学统计,仅蝴蝶,已知的就有 14000 多种! 尽管在绚烂多姿的自然面前,人类的语言显得苍白,但我们还是试图对自然审美的一些主要形态予以描述,以引导儿童更好地去感受和欣赏自然之美。

一、山水之美

"智者乐水,仁者乐山",自古以来,中国人对山水就情有独钟,形成内蕴深厚的山水文化。幽静深远的山水,是古代文人士大夫远离尘嚣、修身养性的所在,也是僧人道士参禅祈神之所在。艺术创作、科学考察、情志激发,都和山水息息相关,山水已经深深融入中国人的文化血脉里。这些都在中国浩如烟海的山水诗作中有所体现,让我们伴随这些优美的诗句,来一次山水的审美巡礼!

诗经·小雅·南山有台

南山有台,北山有莱。
乐只君子,邦家之基。
乐只君子,万寿无期。

南山有桑,北山有杨。
乐只君子,邦家之光。
乐只君子,万寿无疆。

南山有杞,北山有李。
乐只君子,民之父母。

乐只君子,德音不已。

南山有栲,北山有杻。
乐只君子,遐不眉寿。
乐只君子,德音是茂。

南山有枸,北山有楰。
乐只君子,遐不黄耇。
乐只君子,保艾尔后。

　　这是一首古人的祝寿诗,以山上的草木起兴,采用比德的手法,赞美了君子的美德。两山之上植被丰茂,硕果累累,作诗者喜悦之情溢于言表。诗歌形象淳朴,节奏明快,韵律和谐,大朴中蕴藏着大美。

诗经·国风·秦风·蒹葭

蒹葭苍苍,白露为霜。
所谓伊人,在水一方,
溯洄从之,道阻且长。
溯游从之,宛在水中央。

蒹葭萋萋,白露未晞。
所谓伊人,在水之湄。
溯洄从之,道阻且跻。
溯游从之,宛在水中坻。

蒹葭采采,白露未已。
所谓伊人,在水之涘。

溯洄从之,道阻且右。

溯游从之,宛在水中沚。

这是一首表达爱情的诗。"所谓伊人,在水一方。"可谓千古绝唱!蜿蜒的河流,蓬勃的芦苇,寄托了有情人多少美好的愿望与想象!

中国山水诗第一位大家是南北朝时期的谢灵运,他大量的山水诗作使山水之美卓然独显,极大地丰富了人们对山水之美的欣赏视野。我们来看他的一首名作:

登永嘉绿嶂山

裹粮杖轻策,怀迟上幽室。

行源径转远,距陆情未毕。

澹潋结寒姿,团栾润霜质。

涧委水屡迷,林迥岩逾密。

眷西谓初月,顾东疑落日。

践夕奄昏曙,蔽翳皆周悉。

蛊上贵不事,履二美贞吉。

幽人常坦步,高尚邈难匹。

颐阿竟何端,寂寂寄抱一。

恬如既已交,缮性自此出。

这位大诗人同时也是一位旅行家,他用纪游的手法,带读者和他一起兴致勃勃地涉水寻源。时而在深潭边流连,时而在密林岩石间穿梭,变幻莫测的大自然令人眷恋忘返。最后一句借用《庄子·缮性》中的话,表达自己在自然山水的审美中明悟养性的方法,进入了"道"之妙境。

自谢灵运始,中国古典山水诗取得了极高的成就,堪称经典的山水诗作数不胜数。如孟浩然的《宿建德江》、王之涣的《登鹳雀楼》、王维的《鹿柴》、李白的《独坐敬亭山》、柳宗元的《江雪》等,均为脍炙人口的山水名篇。

除了山水诗,古典文献中也有很多描写、赞美自然山水的其他文字。明代的徐霞客是著名的地理学家、旅行家,其地理名著《徐霞客游记》同时也具有极高的文学价值。游记开篇第一句:"癸丑之三月晦自宁海出西门。云散日朗,人意山光,俱有喜态。"所谓"相看两不厌,只有敬亭山",在徐霞客的眼里,自然与人类并肩而立,仿佛也具有人类一样的情感。他对所到之地的大自然充满了赞美与感叹。如天台山,"雨后新霁,泉声山色,往复创变,翠丛中山鹃映发,今人攀历忘苦";"停足仙筏桥,观石梁卧虹,飞瀑喷雪,几不欲卧"。[①]

中国人喜欢山水,即使在人工打造的居住环境——园林之中,也要尽力营造出自然山水的意境。西方园林也含有自然元素,但在设计和建造思想上与中国园林大相径庭。传统西方园林受主客二分的科学思维影响,人工痕迹往往较明显,如人工喷泉、运河、人工湖的打造,植物则被修剪成各种几何形状。比较起来,中国传统园林则试图接近自然的原貌。清代李渔在《闲情偶寄·山石第五》开篇写道:"幽斋磊石,原非得已。不能致身岩下,与木石居,故以一卷代山,一勺代水,所谓无聊之极思也。然能变城市为山林,招飞来峰使居平地,自是神仙妙术,假手于人以示奇者也,不得以小技目之。且磊石成山,另是一种学问,别是一番智巧。尽有丘壑填胸、烟云绕笔之韵士,命之画水题山,顷刻千岩万壑,及倩磊斋头片石,其技立穷,似向盲人问道者。"[②]这段话写出了中国人对于自然山水的依恋。现代作家、教育家叶圣陶先生在其名作《苏州园林》中写道:"苏州园林里都有假山

① 吕锡生主编:《〈徐霞客游记〉白话选读》,广陵书社2014年版,第2页。
② 李渔:《闲情偶寄》,杜书瀛译注,中华书局2014年版,第443页。

和池沼。假山的堆叠，可以说是一项艺术而不仅是技术。或者是重峦叠嶂，或者是几座小山配合着竹子花木，全在乎设计者和匠师们生平多阅历，胸中有丘壑，才能使游览者攀登的时候忘却苏州城市，只觉得身在山间。至于池沼，大多引用活水。有些园林池沼宽敞，就把池沼作为全园的中心，其他景物配合着布置。水面假如成河道模样，往往安排桥梁。假如安排两座以上的桥梁，那就一座一个样，决不雷同。池沼或河道的边沿很少砌齐整的石岸，总是高低屈曲任其自然。"①可谓写出了中国园林设计崇尚自然山水和自然意境的神髓。

二、时光之美

人在时光中行走，春夏秋冬，晨昏晚夜，大自然不仅常有美景，也时有佳胜。

春天是生机勃发的日子，充满了生命萌动的欣喜。

郑振铎先生的散文《海燕》就描写了春天的美景："当春间二三月，轻飔微微地吹拂着，如毛的细雨无因地由天上洒落着，千条万条的柔柳，齐舒了它们的黄绿的眼，红的、白的、黄的花，绿的草，绿的树叶，皆如赶赴市集者似的奔聚而来，形成了烂漫无比的春天时，那些小燕子，那么伶俐可爱的小燕子，便也由南方飞来，加入了这个隽妙无比的春景的图画中，为春光平添了许多的生趣。"②

春天是神奇的。恰如贺知章所吟咏的：

咏柳

碧玉妆成一树高，
万条垂下绿丝绦。

---

① 叶圣陶：《〈苏州园林〉序》，见项静编选《园》，山东文艺出版社 2014 年版，第14页。
② 郑振铎：《幻境》，中国文史出版社 2016 年版，第 63 页。

美育与当代儿童发展

不知细叶谁裁出，

二月春风似剪刀。

春天是慵懒的。如杜甫所吟咏的：

江畔独步寻花（其五）

黄师塔前江水东，

春光懒困倚微风。

桃花一簇开无主，

可爱深红爱浅红。

春天是喧闹而惆怅的。如孟浩然所吟咏的：

春晓

春眠不觉晓，

处处闻啼鸟。

夜来风雨声，

花落知多少。

春天是意境深远的。如王维所吟咏的：

鸟鸣涧

人闲桂花落，

夜静春山空。

月出惊山鸟，

时鸣春涧中。

夏天酷热,但各种生命活动非常活跃,植物竞相开花结果,动物忙着交配生育,预示着丰收的来临。

戴复古(石屏)描绘了夏日的热烈和欢畅:

初夏游张园

乳鸭池塘水浅深,
熟梅天气半晴阴。
东园载酒西园醉,
摘尽枇杷一树金。

杨万里描绘了只有夏日才能见到的西湖美景:

晓出净慈寺送林子方

毕竟西湖六月中,
风光不与四时同。
接天莲叶无穷碧,
映日荷花别样红。

夏天中蕴涵了自然的哲理。如秦观所吟咏的:

三月晦日偶题

节物相催各自新,
痴心儿女挽留春。

芳菲歇去何须恨，

夏木阴阴正可人。

夏天中蕴涵了自然的奥妙。如王安石吟咏的：

初夏即事

石梁茅屋有弯碕，

流水溅溅度两陂。

晴日暖风生麦气，

绿阴幽草胜花时。

秋天气候宜人，是真正的收获季节。

王维营造了一幅诗中有画、画中有诗、清新淡雅的秋景：

山居秋暝

空山新雨后，

天气晚来秋。

明月松间照，

清泉石上流。

竹喧归浣女，

莲动下渔舟。

随意春芳歇，

王孙自可留。

杜牧的诗作尽显秋景之独特：

山　行

远上寒山石径斜，

白云生处有人家。

停车坐爱枫林晚，

霜叶红于二月花。

寒冷的冬天也是自然的杰作。冬天不仅是春天的前奏，也自有其韵致和气势。

让我们来品读一下岑参笔下雪后的惊艳大地吧！

白雪歌送武判官归京

北风卷地白草折，

胡天八月即飞雪。

忽如一夜春风来，

千树万树梨花开。

而在李商隐的笔下，冬天的雪花就仿佛是天地间的精灵：

对雪二首(之二)

旋扑珠帘过粉墙，

轻于柳絮重于霜。

已随江令夸琼树，

又入卢家妒玉堂。

时光之美，既在四季之轮转，也在晨昏之转换。

清新的早晨，沁人心脾。犹如张九龄所描绘的：

晨出郡舍林下

晨兴步北林，
萧散一开襟。
复见林上月，
娟娟犹未沉。
片云自孤远，
丛筱亦清深。
无事由来贵，
方知物外心。

正午骄阳当空，却也别有诗情。且看苏舜钦的笔下：

夏　意

别院深深夏席清，
石榴开遍透帘明。
树阴满地日当午，
梦觉流莺时一声。

向晚红霞满天，但暗夜将至，难免让人心生感慨：

暮江吟（白居易）

一道残阳铺水中，
半江瑟瑟半江红。

但人与自然相应,亦可以:

酬乐天咏老见示(刘禹锡)

> 莫道桑榆晚,
> 为霞尚满天。

月上柳梢,皎月灿星,与人间灯火相映衬,深情挚情最可相寄。让我们来体味李商隐对亡妻的思念吧:

无　题

> 云母屏风烛影深,
> 长河渐落晓星沉。
> 嫦娥应悔偷灵药,
> 碧海青天夜夜心。

三、动植物之美

大自然孕育了草木花果,孕育了走兽飞禽。各种植物和动物,莫不有其独到之美。

动物的色、声、相等,构成了动物美的基本要素。同时,动物的生命特征,如敏捷、强壮、勇武等,也因为和人的生命观念的契合,为人所欣赏。如骆宾王的"鹅鹅鹅,曲项向天歌。白毛浮绿水,红掌拨清波",杜甫的"两个黄鹂鸣翠柳,一行白鹭上青天",生动形象,各有情趣。

按照生物分类学上使用最广的五界分类系统,植物在分阶中低于动物,但植物的美与动物的美也各有其趣。

梅、兰、竹、菊，人们称其为花中"四君子"；松、竹、梅，人们美其名曰"岁寒三友"。仅这几种植物，赞美之词便铺天盖地：

白梅（王冕）

冰雪林中著此身，
不同桃李混芳尘。
忽然一夜清香发，
散作乾坤万里春。

白梅生长在冰雪林中，在天寒地冻中散发馨香，为天地带来春天的气息。梅花的冰清玉洁不同于桃李的俗艳，与君子的高洁非常相似。

兰诗（杨万里）

雪径偷开浅碧花，冰根乱吐小红芽。
生无桃李春风面，名在山林处士家。
政坐国香到朝市，不容霜节老云霞。
江蓠圃蕙非吾耦，付与骚人定等差。

在雪径偷偷绽放的幽兰，虽没有桃李的艳丽，却与山林隐逸之士拥有同样的好名声。徐徐幽来的兰香是中国人的"国香"。在文人的笔下，兰花是不肯与江蓠蕙芷为伍的。

庭竹（刘禹锡）

露涤铅粉节，
风摇青玉枝。

> 依依似君子，
>
> 无地不相宜。

　　庭中翠竹在"露洗风摇"中，直节挺立，碧色不改。恰似君子，随处都能够清高自立。

咏菊（白居易）

> 一夜新霜著瓦轻，
>
> 芭蕉新折败荷倾。
>
> 耐寒唯有东篱菊，
>
> 金粟初开晓更清。

　　深秋的严霜中，芭蕉、荷叶都抵抗不了严寒的侵袭。只有耐寒的傲霜菊，在盛开怒放。这与君子对清高人格的顽强坚守是类似的。

南轩松（李白）

> 南轩有孤松，柯叶自绵幂。
>
> 清风无闲时，潇洒终日夕。
>
> 阴生古苔绿，色染秋烟碧。
>
> 何当凌云霄，直上数千尺。

　　南轩孤松，生命力旺盛，终日与清风自由地游戏着。它志在凌云，从不弯腰。松树这一挺拔、顽强的形象与不肯轻易屈服低头的君子人格相呼应。

　　总之，植物因其形象、颜色、香味、生长特性等特征而具有一定的审美价值。在长期的生活实践和审美文化发展中，特别是在艺术美的创造和欣赏中,各种植物的审美内涵变得丰富而深刻,这使它们成为人类审美的重要对象。

四、宇宙之美

BBC 曾制作了一部科普纪录片《旅行到宇宙的边缘》,堪称宇宙史诗。电影通过哈勃空间望远镜记录的影像,将人从熟识的地球引向月球、太阳系其他行星、银河系,乃至无穷。影片展示了恒星的诞生、黑洞吞噬物质、绵延无际的星云、宇宙的终极命运,让我们不得不由衷地感叹:宇宙本身就是至美。渺无边际的宇宙,是真正的辽阔和永恒所在。日月星辰,在无限中闪烁,既巨大又渺小,既遥远又贴近。仰望星空,既浪漫,更庄重,足以让每一个个体生命去感悟和超越。

两千多年前,浩瀚的宇宙就引发了大诗人屈原的质询:

天 问

日月安属? 列星安陈?

出自汤谷,次于蒙汜。

自明及晦,所行几里?

夜光何德,死则又育?

东汉末年的大军事家、政治家、文学家曹操面对大海,激情满怀:

观沧海

东临碣石,以观沧海。

水何澹澹,山岛竦峙。

树木丛生,百草丰茂。

秋风萧瑟,洪波涌起。

日月之行，若出其中。

星汉灿烂，若出其里。

幸甚至哉，歌以咏志。

唐代大诗人陈子昂登上蓟北楼，慷慨悲凉，不禁高歌：

登幽州台歌

前不见古人，

后不见来者。

念天地之悠悠，

独怆然而涕下。

苏轼则在月之阴晴圆缺中了悟人之悲欢离合。但愿人长久，千里共婵娟：

水调歌头·明月几时有

丙辰中秋，欢饮达旦，大醉，作此篇，兼怀子由。

明月几时有？把酒问青天。不知天上宫阙，今夕是何年。我欲乘风归去，又恐琼楼玉宇，高处不胜寒。起舞弄清影，何似在人间。

转朱阁，低绮户，照无眠。不应有恨，何事长向别时圆？人有悲欢离合，月有阴晴圆缺，此事古难全。但愿人长久，千里共婵娟。

自然美除了自然事物本身审美形态的差别外,也有壮美与优美的整体风格的不同。草原沙漠与小桥流水,悬崖飞瀑与潺潺溪流,惊涛骇浪与月下荷塘等,它们总体审美风格的差别也能够激发欣赏者种种不同的审美体验。直接走向大自然去欣赏自然万物的美,通过欣赏描绘自然美的艺术作品来间接地体验感受自然万物的美,都是自然美欣赏的重要方式。徜徉自然之外,如果能够引导儿童经常赏析各类描绘自然美景的艺术作品,如欣赏花鸟画、风景画的杰作,领略《高山流水》《渔樵问答》等音乐名曲,同样也可以逐渐培养健康活泼、生机盎然、自由自然的个性。"天苍苍,野茫茫,风吹草低见牛羊"的草原美景,"大漠孤烟直,长河落日圆"的大漠风光,在文学阅读想象中体验感受这些自然美景有助于心胸的开阔,情趣的提升! 阅读南朝民歌,想象体验柳翠桃红、荷叶田田的江南景致,同样也有助于情感的细腻,性情的柔馨!

　　总之,自然美景,风情万千,对自然的欣赏、体味、拥抱、热爱,都可以敏锐儿童的感官,丰富儿童的情感,开阔儿童的心胸,完善儿童的个性!

第三节　自然美育与当代儿童的全面发展

或徜徉蓝天白云之下，或沐浴微风暖阳熏濡，或远眺田畴绿野绵展，引导儿童在自然美景中自由嬉戏，引领他们的生命像鲜花一样自然盛开，恢复儿童与自然万物相一致的自然本性，实现儿童生命的自然健康发展，是自然美育对儿童发展的根本意义，这值得专门研究。

一、自然美育与儿童的感受力

自然是儿童感受力培养的第一源泉。感受力是人对刺激物的感觉能力。人首先是通过各种感官与外部世界打交道的。感受丰富的外部事物，是人发展的基础。人的耳朵、眼睛、鼻子、嘴巴、皮肤等感觉器官对外界事物的声音、颜色、气味、质地等作出具体反应，成为种种复杂心理过程和理性认识的感性基础。感受越丰富，人的记忆内容就会越丰富，想象力就会越充沛，思维就会越活跃。人要保持正常的身心状态，必须经常感受到外界的刺激。心理学家曾做过感觉剥夺的实验：被试者在非常黑暗和寂静的房间里，几小时后便进入恐慌状态；24 小时后就会出现幻觉；4 天之后离开做实验的房间，被试者的各种能力都出现问题，动作不再协调和准确。

儿童对于大自然有着天然的良好的感受力。美国著名环保学家克莱尔·沃克·莱斯利在《笔记大自然》一书中写道："在画画的过程中，孩子们对这林子里的声音变得十分敏感，当老师发出'嘘'的一声时，他们立刻就安静下来。原来，就在老师身边的那丛忍冬上，一只长着深色羽毛身形娇小的鸟儿正安静地停在那里，它轻弹着尾羽，稳稳地抓住忍冬的嫩枝，好奇地朝我们盯望"；"我们曾看过成百上千的学生们手拿着铅笔，一付干劲十足的样子，他们怀着或大或小的好奇心，不久便兴致勃勃地观察起一只小松鼠、一片树叶子或者某只蜘蛛来，就这样，他们和大自然融为一体了"。[①]

《森林里的最后一个小孩》的作者理查德·洛夫在给《笔记大自然》写的引言中描绘了自己童年时代对自然中的声音的感受："我是家中的独子，童年是在一个乡土气息较浓的地方度过的，大自然恩赐了唾手可得的玩伴和玩具，在我性格成型的那几年里，他们是我最亲密的伙伴，与我志趣相投的大人并不多，而且大人们大多对自然界里的事物知之甚少。还记得，自己当时被一种叫做春雨蛙的叫声给迷住了，令我大吃一惊的是，就没有一个大人能告诉我到底是什么东西发出那么大的噪音，有的大人说的是海龟的叫声，有的说那是蛇的叫声，还有人说那是鸟儿叫，真是众说纷纭哪！无奈，我开始自己寻找答案……起初爸爸妈妈还拒绝相信这个小东西就是那呱呱大合唱的声源，晚上10点的时候，这些春雨蛙在罐子里叫开了，于是爸爸妈妈才信。"[②]

人的感受力具有相通性。人的各种感受力，并不是孤立的。七窍相通，各种感受力之间是可以互相影响的。如做保健操、跳舞时，播放优美轻快的音乐可以增强人的运动感、平衡感。一种感受可以引起另外一种感受，心理学上称为"联觉"，文艺学里称为"通感"。法国象征主义大诗人波德莱尔的名作《感应》生动地描绘了这种现象：

> 自然是一座神殿，那里有活的柱子
>
> 不时发出一些含糊不清的语音；
>
> 行人经过该处，穿过象征的森林，
>
> 森林露出亲切的眼光对人注视。
>
> 仿佛远远传来一些悠长的回音，

---

① 莱克尔·沃克·莱斯利、查尔斯·E·罗斯：《笔记大自然》，华东师大出版社2008年版，第198页。

② 莱克尔·沃克·莱斯利、查尔斯·E·罗斯：《笔记大自然》，华东师大出版社2008年版，第10页。

互相混成幽昧而深邃的统一体，
像黑夜又像光明一样茫无边际，
芳香、色彩、音响全在互相感应。

有些芳香新鲜得像儿童肌肤一样，
柔和得像双簧管，绿油油像牧场，
——另外一些，腐朽、丰富、得意洋洋，

具有一种无限物的扩展力量，
仿佛琥珀、麝香、安息香和乳香，
在歌唱着精神和感官的热狂。

（钱春绮　译）

　　这首诗带有一定的神秘主义色彩，但诗中所揭示的视觉和听觉、嗅觉和触觉等之间的转化相通是真实深刻的。适当的自然刺激，无论是形、色、声，还是味、触，对亲近自然、热爱自然的儿童来说，都能够打开其相应的感官，刺激其审美能力的提升。"红杏枝头春意闹"，"三更萤火闹，万里天河横"，视觉形象能够诱发听觉联想。"促织声尖尖似针"，"哀响馥若兰"，听觉能够诱发触觉或者嗅觉联想。对于深爱自然、对自然敞开心胸的儿童来说，走向大自然，确实能够使其感受力变得敏锐、细腻，甚至是富有创造性，这为儿童成为"美术人"（梁启超语，指具有审美态度的人）奠定了重要的基础。"现代舞创始人之一的邓肯，小时候对自然风光的感觉非常敏锐，小鸟的飞翔，海浪的起伏，棕榈树枝叶的摇曳，都能使她感到生命的力量和运动的旋律。她把自己的感受融化到一举手一投足的动作中去，用自由的舞蹈语言表达对生气勃勃的万物所感到的自发快乐。"[①]丰子恺甚至认

---

①　姚全兴:《儿童文艺心理学》，重庆出版社1990年版，第15页。

为,艺术学习最好的基础性工作就是走向大自然,用天赋的感官去感受自然的滋味。"艺术科便是磨练感觉本身的机能,使之明敏而能摄受美与艺术的学科。但欲受磨练,必须先有准备。准备者,就是练习屏除思虑而用纯粹的耳或眼来感觉自然界的声或色的功夫。切实言之,果物写生时须能不念其为可食的果物而但用净眼感受其形状色彩的姿态,唱歌听琴时须能不究其歌曲的意义而用净耳感受其高低长短强弱的滋味。总之,能胸无成见,平心静气地接待自然,用天赋的官能而感受自然的滋味,便是艺术科学习的最好的素地。"①

　　罗丹说,生活中并不是缺少美,而是缺少发现美的眼睛。要培养儿童能够发现美的眼睛,首先我们要创造一切条件,让儿童尽量多到大自然中去,去敞开全部感官感受世界的美丽!

　　自然美育必须引起当今为人父母者和一切教育工作者的重视。

二、自然美育与儿童的想象力

　　想象力是人的大脑对记忆中的表象材料进行重新组合、创造出新形象的能力。想象力建立在感受力和记忆力之上。人的想象天马行空,很多内容好似荒诞不经,但都不是凭空出现的,而是众多记忆材料的再组合。丰富的自然,为想象的驰骋提供了重要的资源。

　　庄子《逍遥游》对鲲、鹏的想象一直备受人们称道。"北冥有鱼,其名为鲲。鲲之大,不知其几千里也;化而为鸟,其名为鹏。鹏之背,不知其几千里也;怒而飞,其翼若垂天之云。是鸟也,海运则将徙于南冥。南冥者,天池也。齐谐者,志怪者也。谐之言曰:'鹏之徙于南冥,水击三千里,抟扶摇而上者九万里。去以六月息者也。'"②庄子这种对鲲、鹏的瑰丽描写,是把自然中大鱼、大鸟的想象放大到极致。

　　盛唐诗仙李白感叹《庐山瀑布》:"飞流直下三千尺,疑是银河落

---

① 《丰子恺文集·艺术卷三》,浙江文艺出版社、浙江教育出版社1990年版,第27页。
② 《〈庄子集解〉〈庄子集解内篇补正〉》,中华书局2012年版,第9页。

九天。"通过精妙的想象,把天上人间连为一体,使大自然的磅礴气势一览无余。

中唐李贺有"诗鬼"之称,这一定程度上是因为其诗歌中想象的奇特、巧妙。他的《梦天》一诗:"老兔寒蟾泣天色,云楼半开壁斜白。玉轮轧露湿团光,鸾珮相逢桂香陌。黄尘清水三山下,更变千年如走马。遥望齐州九点烟,一泓海水杯中泻。"在广寒宫中俯瞰人间,远眺大海,想象构思巧妙至极。

刘禹锡的《望洞庭》:"湖光秋色两相和,潭面无风镜未磨。遥望洞庭山水翠,白银盘里一青螺。"写景生动形象,比喻想象精巧。

苏轼吟咏《赤壁怀古》:"乱石穿空,惊涛拍岸,卷起千堆雪。"想象壮阔,极尽赤壁之壮美景象。

这些想象绚烂的天才创作,充分展示了大自然对激发艺术家想象力的重要性。

想象力对于人类的创造性实践具有根本性意义。爱因斯坦16岁在瑞士阿劳中学读书时,对光速的问题很感兴趣。借助于想象力,爱因斯坦产生了狭义相对论——光速不变原理的萌芽。这位伟大的科学家认为想象比知识更重要,因为知识是认识世界,而想象则创造世界。

激发儿童的想象力是教育的基本目标,自然美育在其中发挥着不可替代的重要作用。我国现行的《小学语文课程标准》在对一至四年级学生的学习要求中提出,要结合语文学习,观察大自然,用口头或图文等方式表达自己的观察所得。人教版语文课本所选课文篇目具体体现了《标准》的这一要求。像小学一年级语文教材中很多的篇目都与自然景物的描绘有关:《四季》、《小小竹排画中游》、《爷爷和小树》、《阳光》、《比尾巴》、《雨点儿》,等等。

以人教版一年级上册的语文课文《四季》为例:"草芽尖尖,他对小鸟说:'我是春天。'荷叶圆圆,他对青蛙说:'我是夏天。'谷穗弯弯,他鞠着躬说:'我是秋天。'雪人大肚子一挺,他顽皮地说:'我就是冬天。'"从一年级小学生的生活经验出发,课文精心选择了春天的小草发芽、夏天的荷塘蛙鸣、秋天的谷物丰收和冬天堆的大肚子雪人,来介绍春夏秋冬四季的不同。拟人修辞手法的运用,生动幽默的语言,能够很好地引导儿童对四季景物的认识。

人教版一年级下册的语文课文《小蝌蚪找妈妈》是篇非常经典的童话作品。课文通过精心构思的小蝌蚪找妈妈的故事,向儿童介绍蝌蚪成长为青蛙的过程,引导他们认识青蛙与乌龟的不同,构思巧妙,内容丰富。

总之,紧紧抓住自然事物的突出特征,通过想象、联想精心构思有趣的故事以引导儿童加深对自然的认识,是这些语文篇目在内容上的明显特点。阅读、学习这些课文一方面能帮助儿童认识自然事物和现象,另一方面也能够发展儿童从对大自然的具体感受出发的想象、联想能力。

三、自然美育与儿童的创造力

创造力,是人类创新的决定能力。由于创造力的内容异常丰富,尽管人们对它进行了长期大量的研究,但仍然难以给出权威性的定义。美国心理学家福特认为创造力有广义和狭义之分。广义的创造力包括创造才能、动机和气质,狭义的创造力指创造能力。无疑,创造力一定是具有独创性的,一定是推陈出新的,并且有益于人类的进步和发展。

儿童天生好奇,好奇是诱发创造力的一个重要标志。创造在一定程度上是"无中生有",但创造不是任意的,它有所依据,有所借鉴。而这种依据和借鉴就是由好奇心所发现的。具体地说,儿童受好奇心的支配,走入自然,接受自然的熏陶,这是儿童拥有充沛创造力的重要途径。我国著名儿童教育家陈鹤琴深谙自然的力量,在长子陈一鸣很小的时候,他和家人就每天抱孩子出去玩耍。蓝天白云之下,孩子与花鸟鱼虫为伴,玩沙戏水,在爸爸的指导下采集植物、动物标本,并且将这些记录在画板上。陈一鸣认为,正是这种自然教育,培养了自己艺术创造的才能。

大自然能够启发人的创造性的根本原因在于：世间万物的存在都有其规律。深入自然，了解事物的各种规律，是培养人的创造力的根本途径。"创造"诚然有逾越常规、有所突破的特点，但创造不是"无中生有"，而在根本上是要遵循事物的存在规律和相互关系来实现。因此，真正的创造只能形成于对自然的超越常人的观察和了解，形成于逾越常规但又符合规律的想象和联想，而这依赖于对自然的热爱和观察。自然美育对培养儿童创造力的重要性与其密切相关。

另外，在长期的历史发展中，大自然作为人类生活的家园，它的存在已经深深地打上了人类文化的烙印，与人类文化融合在了一起。大自然就像温暖的家园，能够舒缓人的心情，孕育创造的心境。卢梭曾说："假如有这样一种境界，心灵无需瞻前顾后，就能找到它可以寄托、可以凝聚它全部力量的牢固的基础，时间对它来说已不起作用，现在这一时刻可以永远持续下去，既不显示出它的绵延，又不留下任何更替的痕迹；心中既无匮乏之感也无享受之感，既不觉苦也不觉乐，既无所求也无所惧，而只感到自己的存在，同时单凭这个感觉就足以充实我们的心灵：只要这种境界持续下去，处于这种境界的人就可以自称为幸福，而这不是一种人们从生活乐趣中取得的不完全的、可怜的、相对的幸福，而是一种在心灵中不会留下空虚之感的充分的、完全的、圆满的幸福。这就是我在圣埃尔岛上，或是躺在随波飘流的船上，或是坐在波涛汹涌的比埃纳湖畔，或者站在流水潺潺的溪流边独自遐想时所常处的境界。"①在积蓄了强大的心理能量，但又相对平静的心境中，自然事物的存在能够触发人的联想想象，推动人们展开文化创造。

儿童的创造力决定着一个民族、一个国家甚至人类的未来发展。创造力萎缩或缺乏，将严重阻碍一个民族、一个国家经济、科技、文化

---

① 卢梭：《漫步遐想录》，人民文学出版社 1986 年版，第 68 页。

的繁荣。特别是当今中国,"中国制造"众多,"中国创造"寥寥,这已经成为中国经济、科技、文化发展的严重瓶颈。如何全面提升中国人的创造力,应该成为全社会关注的问题。提升创造力要做的工作很多,从儿童发展入手,关注儿童创造力的培养,是根本性的工作。而自然美育在对儿童创造力的培养方面,有其不可替代的作用。德国仿生设计大师路易吉·克拉尼认为他的设计灵感都是大自然赐予的。他说:"设计飞机我就看鸟怎么飞行,设计轮船我就看鱼怎么游泳,大自然给了我思考的方向,它是我最好的老师。"①应该充分重视自然美育的作用,让儿童从小就在自然中接受大自然赐予的创造灵感!

感受、观察、比较,在自然中提升感觉、知觉、思维的全面能力,引导儿童由好奇到发现,由发现到创新,在自然美育中推进儿童创造能力的自由发展,是儿童教育中基础的重要的积极可行的方法。

自然美育也可以与艺术美育相结合,来提升创造力教育的成效。如杜威就认为:"在艺术中,我们发现了:自然的力量和自然的运行在经验里面达到了最完备,因而是最高度的结合","当自然过程的结局、它的最后终点,愈占有主导的地位和愈显著地被享受着的时候,艺术的'美'的程度就愈高"。② 许多著名的科学家都赞同艺术与自然之间的互通关系。德国物理学家海森伯在量子力学上做出巨大贡献,他对艺术也非常热爱,认为艺术美是启发和明晰自然规律的重要源泉。奥地利物理学家路德维希·玻尔兹曼是热力学和统计物理学的奠基人之一,他不但善弹钢琴还能做诗,他主张艺术的母亲就是大自然,他的物理学著作《力学原理》就以诗来开篇。

总之,自然美育以其生动具体的可感性,丰富的形象和形态,让儿童的感受、想象、创造的能力得到全面的培育,是以审美教育来引领儿童发展的重要渠道。

---

① 张峻霞主编;商云男、段金娟副主编:《工业设计概论》,海洋出版社 2008 年版,第111 页。

② 杜威:《经验与自然》,傅统先译,江苏教育出版社 2005 年版,第 5 页。

第三章
立体建构：艺术美育与当代儿童的和谐发展

　　儿童时期，人的生命成长具有一定的特殊性。对于儿童的发展而言，美育除了对儿童生理、认知、道德等方面发展的基础意义外，对于儿童生命的全面、和谐、自由的发展也具有深层次意义。通过自然美育、艺术美育、生命美育的立体架构，相互促进，能够有效地助推儿童的健康发展。其中，艺术美育以情感为核心的知情意的贯通，其突出的想象、个性、创造等功能，以及丰富的精神文化内涵，在促进儿童的和谐发展中具有独特而重要的意义。

第一节　艺术美育对儿童发展的意义

艺术美育是指以艺术作品或艺术活动为载体的一种审美教育方式。艺术是美的集中体现。"艺术的艺术性和艺术价值就是它固有的美。"①以美的艺术来对儿童进行审美教育,对于儿童的心理、情感、直觉力、想象力、创造力、个性、群体意识等方面的培养,都具有不可替代的特殊而重要的作用。

作为儿童艺术美育媒介的儿童艺术作品与一般的艺术品不同,它是由艺术家专为儿童创作或者由具有艺术才华的儿童创作的艺术欣赏对象。儿童的艺术、审美活动与成人有很大不同,这不是指两者艺术水准的绝对高低,而是儿童艺术作品往往具有形象更真拙、内涵更明确、语言更明晰、想象更奇特等特征。

比如儿童文学作品。无论是童话故事、儿歌,还是儿童小说,大多采用口语化的语言媒介,创造出内涵明确、想象奇特的文学形象。儿童生活经验一般不如成人丰富,使其思维受限较少,想象天马行空。儿童语汇量不大,对不同句式的表达效果的差异不敏感,使得儿童文学作品很大部分是口语文学作品。儿童的认知能力不强,因此儿童文学作品在主题思想上并不一定要追求深刻,而大多是日常生活中的普通道理,其目的在于引导儿童的健康成长。像《木偶奇遇记》教育小朋友应热爱学习,不应该只是贪玩;《哈利·波特》展示正义必然战胜邪恶,等等。这些作品都是通过鲜明的文学形象把思想内涵直接地展示出来。

再如儿童绘画。稚拙的构图、生涩的线条、抽象夸张的形象以及驳杂的颜色混合堆积,形成了儿童绘画作品的独有特点。儿童绘画

---

① 斯托洛维奇:《审美价值的本质》,凌继尧译,中国社会科学出版社1984年版,第229—230页。

不以视觉真实感为艺术追求，而是着眼于内心表现，关注表现小画家自己的想法和情感，展示小画家奇妙无拘的审美想象，具有特别的艺术风采。"儿童的艺术创作是内部指向的（inner directed），儿童被驱使着朝向越来越高的清晰表达。绘画是关于我们所知道的、感受到的，以及希望了解的内容的表达。这样的表达是'我'和自己之间的对话，所有的意义就其本质来说都是具有情感的。它是一种问题解决活动，通常灌注了强烈的情绪，与艺术家的内心惺惺相惜，而不仅仅是对媒介和掌握媒介所需技能的尝试。"①

总之，儿童艺术是儿童审美心理的结晶。它反映着儿童的心理特征，也能够很好地满足儿童的审美心理需要，受到儿童们的高度欢迎。精美的儿童动画片哪个孩子会不喜欢看？不爱听故事的、不爱唱儿歌的孩子哪里去找？利用儿童艺术美育，对于引导、促进儿童发展具有事半功倍的成效。

具体来看，儿童艺术美育对儿童发展的积极作用主要体现在以下几个方面。

首先，艺术美育的可感性、生动性、具体性，更契合儿童的天性，可以使儿童在愉悦中接纳。儿童时期是人生的一个特定阶段。就理智来说，儿童的抽象思维能力还在发展之中。如计算，儿童常常需要掰着手指头才能数数，通过大声念出来才能算数。就德育来说，其道德意识还没真正自觉，常常是遵循着家人和老师等的指导来判断"应该做"和"不应该做"。就体育来说，儿童的身体还处于生长期，不适合做剧烈的体能要求较高的运动。但是，儿童的感受能力、想象能力往往比较丰富。如，儿童常把小动物当成亲人，把小鸟当成朋友，与其嬉戏玩耍。凭借那种天生的情感思维方式，儿童几乎就是天生的艺术家，凭借简单、直率的情感，他们往往出口成章，下笔成画，让我

---

① 克莱尔·格罗姆：《心理学家看儿童艺术》，石孟磊等译，世界图书出版公司2011年版，第81页。

们惊叹不已。对于那些符合他们欣赏水平的艺术作品,儿童往往有着极为敏锐的审美感知和强烈的审美体验。相比奥数和道德说教,音乐、绘画、舞蹈等显然更契合儿童的天性。以这些艺术样式为载体,艺术美育相比其他教育方式,更易激发儿童的兴趣,更易为儿童接受,也更具可操作性。

如教幼儿园的小朋友学习 10 以内的数字。只是单纯地学习数字,孩子们就不一定有兴趣。但是学唱儿歌《数鸭子》,他们就可能感兴趣。"门前大桥下,游过一群鸭。快来快来数一数,二四六七八。嘎嘎嘎嘎,真呀真多呀!数不清到底多少鸭,数不清到底多少鸭……赶鸭老爷爷,胡子白花花。唱呀唱着家乡戏,还会说笑话。小孩,小孩,快快上学校,别考个鸭蛋抱回家,别考个鸭蛋抱回家……"在听、唱儿歌的过程中,0、2、4、6、8 等数字自然地刻进了儿童的脑海里。同样,只是单纯地教育幼儿园的小朋友要好好学习,孩子也可能印象不深刻,但学唱儿歌《小儿郎》就不一样了。"小呀么小儿郎,背着那书包上学堂。不怕太阳晒,也不怕那风雨狂。只怕先生骂我懒,没有学问无颜见爹娘,没有学问无颜见爹娘。"活泼优美的旋律,简单明了的道理,在愉快的歌唱中,传达了要勤奋学习的道理。

其次,艺术作品和艺术活动以情为核心的知情意的贯通,使得艺术美育不像智育、德育、体育一样,侧重于儿童单一方面的发展,而是一种由情达智通意的和谐的生命教育。艺术以情感为核心,以想象为翅膀,以形象为载体,其中亦不乏直觉的动力作用,理性和道德的反思作用,是一种知情意和谐的全面积极的心智活动。艺术的审美情感与认识、道德之间有着本质联系。按康德的观点,优美的审美对象使人的想象力指向了认知概念,崇高美使人的想象力导向了道德意志,因此艺术美育是能够沟通认知和道德的,它本身就是认知和道德之间的桥梁。科学研究也表明,人的大脑的左右半球具有不同的功能,左半球主要对应逻辑,右半球主要对应形象。只有左右半球协调发展,才能快速提高智力水平。我们的儿童教育长期以来只偏重开发大脑左半球,而对负责情感、语言活动的右半球有所忽视,这就不能使大脑功能有机协调,必然影响了儿童智力和情感的和谐发展。智商突出,但情商低下,专业能力优秀,却人际关系不佳,这种"片面发展的人"不是我们的儿童教育的培养目标。

作为艺术核心要素的情感,不是原生状态的日常情感,而是一种审美化的高级情感,是一种美的情感。美情中内蕴着理性和道德,是真善美的统一,而不只是情绪的自然宣泄。优秀的艺术作品,经过大浪淘沙,体现了人类情感共通的审美尺度。儿童的情感,其理性和道德的内蕴,相对于成人薄弱,由此艺术成为对儿童进行美的情感教育的最佳方式之一。这种美情教育,包括了情感的感受、传达、处理、提升等各个方面。很多儿童就是从艺术中丰富了自己的情感体验,并学会了向父母、向小伙伴、向自然和动物,生动炽热地表达自己的情感。像欣赏孟郊的《游子吟》,"谁言寸草心,报得三春晖"这样的诗句能够启发儿童体会、感受母亲在日常生活中对自己无尽的疼爱,懂得应该在生活中努力回报母爱的道理。再如欣赏李白的《赠汪伦》,能够使儿童深切体会友情的可贵。李白离去,汪伦"踏歌"送别。"桃花潭水深千尺,不及汪伦送我情。"儿童和小伙伴的友情可能达不到李白和友人的深厚程度,但诗歌中友情的深挚可贵,儿童还是能够体会得到。总之,艺术美育既能够丰富、深化儿童的情感能力,同时还能够提升儿童的认知能力和道德水平,对儿童发展具有重要的引导、促进作用。

最后,艺术活动积极的主体性特征决定了艺术美育对儿童主体意识的培养具有特别重要的意义。艺术活动本质上是艺术主体的自由想象活动,抒发、表现内心的审美感悟是艺术活动的根本目的。因此,强烈的主体能动性、鲜明的个性特征是艺术活动的重要特征。艺术活动当然离不开对表现对象的观察、分析和生动表现,但在一定意义上说,艺术活动对艺术表现对象的深入把握,目的是为了艺术主体能更准确地把握和表现自己的审美体验。相比于成年人的艺术活动,儿童艺术活动激活和表现儿童自己的情感个性和主观认识的特征更为突出。如儿童绘画,变形、夸张、幻构可算家常便饭了。经由童真的画笔涂抹,儿童在更深入地把握表现对象的过程中,也更深入地认识了自身。"儿童艺术的魅力还在于它从本质上讲是儿童自主的活动,是儿童认识世界、理解世界,与外界交流的工具。在艺术活动中,儿童不仅能够表达自己的所知所感,还能够整理、整合自己的经验,不断建构自我。"①

以下是美国一位六岁女孩的诗歌《星期一的市场》②:

> 星期一早晨的市场上,
> 照常是那样的繁忙。
> 人们笑着、嚷着、尖叫着,
> 从这一头到那一头。
> 人们敲着、撞着、挤着,
> 在陶器商店里。
> 上上下下,充满着整个儿布满尘土的街道。
> 垃圾车来了,
> 轰隆、轰隆,撞到了迎面开来的汽车上,
> 混乱、混乱、混乱,
> 真不习惯星期一的市场,
> 星期一的市场。

整首诗歌,小诗人试图描绘出星期一市场的繁忙、混乱,并表达她对市场的不适感觉。在总体概括描写了市场的喧嚣后,她对陶瓷

---

① 克莱尔·格罗姆:《心理学家看儿童艺术·导读》,石孟磊等译,世界图书出版公司 2011 年版,第 2 页。

② H·加登纳:《艺术与人的发展》,光明日报出版社 1988 年版,第 306 页。

商店里的拥挤和垃圾车的撞车事故造成的混乱给了个"特写",以突出市场的繁忙、嘈杂,最后对自己对市场的不适感进行了强调。从小诗人稚嫩的文笔中明显可以看出,她在对市场进行文学描写时进行了精心的细节选择,以突出表达自己对市场的繁忙、嘈杂的不适感。完全可以想象,小诗人在进行诗歌创作时,为了文学表现的成功,她不仅对市场进行了深入、细致的观察把握,而且也对自己在市场中的感觉进行了反思分析。因此,我们可以说,小诗人文学表现的成功与她对自己的反思认识的深入是相辅相成的。

再如美国一位 7 岁小女孩所写的《树木》①:

> 草地是树木跳舞的地毯,
> 树的枝条就是手臂,
> 慢慢地,手臂指向了碧蓝的天空,
> 它在等待着自己的舞伴。

整首诗歌,小诗人把草地上的树木巧妙地想象成一位等待舞伴的人,构思精巧、文笔简洁,写得非常成功。而这种成功的文学表现,无疑与小女孩对草地上树木的独特审美感知有关,与她一定程度的孤单感、期待感有关。我们也可以想象,这首小诗的创作无疑也加深了小诗人对自己的情感体验的理解和认识。

总之,儿童在艺术创作活动中的自由想象创造和艺术表达,是其主体能动性的表现,同时也肯定、鼓舞了其主体意识,这对儿童主体意识的培养具有特别重要的意义。

席勒说:"只有当人是完全意义上的人,他才游戏;只有当人游戏时,他才完全是人。"②席勒所说的游戏特指审美想象力的游戏活动,

---

① H·加登纳:《艺术与人的发展》,光明日报出版社1988年版,第306页。
② 《席勒散文选》,张玉能译,百花文艺出版社1997年版,第214页。

艺术创造和欣赏是这种游戏活动的主要构成部分。叔本华说:"在不折不扣的意义上说,艺术可以称为人生的花朵。"①因此,艺术美育对儿童发展来说,在根本上具有培育完美人性、引导人生观念形成的重要意义。让艺术来滋润儿童的斑斓世界,让这些刚刚吐芽的花骨朵得以健康茁壮地成长,这是对儿童生命之整体的培养,也是艺术美育对于儿童和谐发展的作用和使命。

---

① 叔本华:《作为意志和表象的世界》,石冲白译,商务印书馆1982年版,第369页。

第二节　我国当代儿童艺术教育的
历史与审美变革

对儿童进行艺术教育,是中华文化的重要传统和突出特点之一。孔子提出诗教、乐教,影响深远,强调了从艺术教育通向人格培育的道路及其重要意义。二十世纪以来,蔡元培、梁启超、朱光潜、丰子恺等都十分重视艺术美育的作用,丰富发展了中华文化以艺育人、以美化人的优良传统。新中国成立以来,我国儿童艺术教育既有曲折发展,也有螺旋上升,对其总结与反思,有助于更好地推动当下儿童艺术教育的前行。

一、新中国成立以来儿童艺术教育的历史与局限

新中国成立迄今,我国儿童艺术教育大致可以分为五个发展阶段:第一阶段是建国至 1957 年,为我国当代儿童艺术教育体系的初创时期,主要是在民国艺术教育的基础上,学习苏联艺术教育的模式。第二阶段是 1958 年至 1976 年,我国儿童艺术教育在"大跃进"和"文化大革命"的动荡中曲折发展。第三个阶段是 1977 年至 1985 年,我国儿童艺术教育进入恢复时期。第四阶段是 1986 年至 2000 年,我国儿童艺术教育在经济社会的转型中,打开视野,迎来新的发展机遇,进入快速发展的时期。第五阶段是 2001 年至今,我国儿童艺术教育进入了反思调整和深层改革的时期,呈现出逐步依据艺术教育自身规律发展的可喜的新势头。

自十九世纪下半叶始,清政府逐步吸纳了西方的教育观,如主张依据儿童自身的特殊性,开设游戏、歌谣、谈话、手技等科目,但并非独立的艺术教育观。如当时湖北幼稚园的开办章程说:"设园旨趣有三:保全身体之健旺,体育发达基此;培养天赋之美材,智育发达基

此;习惯善良之言行,德育发达基此。"①说的是体育、智育、德育。独立的艺术教育的观念源自蔡元培、王国维等对美育的倡导。尤其是蔡元培,最早引入了"美育"的概念,将其初步确立为国家教育的方针之一,明确提出艺术教育是美育的重要途径,倡导推进到家庭、学校、社会的教育实践层面,为中国现代艺术教育的发展打下了重要的基础。

新中国成立初期,艺术教育与美育相联系,在国家政策的层面上得到了肯定。如1952年教育部颁发的《小学暂行规程(草案)》就规定要对学生进行智育、德育、体育、美育的综合教育:"小学实施智育、德育、体育、美育全面发展的教育,其主要目标如下:一、智育方面:使儿童具有读、写、算的基本能力和社会、自然的基本知识……四、美育方面:使儿童具有爱美的观念和欣赏艺术的初步能力。"②

随着"文化大革命"的启幕,教育完全从属于政治,与美相关的都成为资产阶级情调,美育被淹没在政治的汪洋大海中,艺术教育成为道德教育和政治教育的附属。此后,"长达20年的时间里,凡是党和政府颁布的教育政策、法令、指示和规定,统统不再提美育。各种教育著作、教材、讲义也都把美育从教育学的理论体系中去掉,不再讲美育"③。

"文革"结束后,"左"倾错误被拨正。二十世纪八十年代以后,随着市场经济的发展和人们思想的进一步解放,美育和艺术教育再次进入社会和政府的视野。1981年1月,教育部、文化部联合发出《关于当前艺术教育事业若干问题的意见》,强调:既要重视培养专门艺术人才,也要重视普通教育中的美育。1986年3月,我国政府在《关于第七个五年计划的报告》中指出:"各级各类学校都认真贯彻德育、智育、体育、美育全面发展的方针,并根据各自的特点适当加强劳动

---

① 舒新城编:《中国近代教育史资料》中册,人民教育出版社1961年版,第386页。
② 《小学暂行规程(草案)》,《山西政报》1952年第7期。
③ 赵伶俐等:《百年中国美育》,高等教育出版社2006版,第18页。

教育。"1986年9月,国家教委成立了第一个主管普通学校艺术教育工作的专门机构——艺术教育处。1989年,国家教委成立社会科学研究与艺术教育司。1993年,国家教委成立体育卫生与艺术教育司。1993年12月,国家教委成立艺术教育委员会,并先后颁布全国性的艺术教育规划,从国家层面来推动、引领我国艺术教育的发展。二十一世纪以来,教育部更是多次发布了关于全国学校加强美育、艺术教育的指导文件。2015年9月,国务院办公厅还专门发文《国务院办公厅关于全面加强和改进学校美育工作的意见》,要求"把培育和践行社会主义核心价值观融入学校美育全过程"。儿童美育、艺术教育的问题,再一次引起社会的关注。

二、我国当代儿童艺术教育的审美变革与拓展

我国当代儿童艺术教育七十多年的历史,其发展受到了社会、经济、政治、文化的多元影响,也受到了民族的、西方的各种艺术教育观念的影响。尤其是在知识传授与价值引导、技能培养与趣味陶冶、艺术竞技与审美鉴赏的对立、交揉、转化中,逐步实现了自身的丰富、提升、成熟。

1. 知识传授与价值引导

艺术教育必然要传授一定的艺术知识。艺术理论、艺术史、美学以及相关文化背景的知识都是艺术教育要传授的知识。但艺术创造和欣赏是实践性的,只有在创作和欣赏实践中,才能获得生动的艺术体验,发挥艺术活动的真正价值。只注重知识传授,或偏于知识传授,都可能导致艺术教育的工具性目标。忽略或失去由艺术活动可能通向的生命意义的价值性引导。"人生活在一个意义的世界中,一个价值的世界中。即使人获得的某些知识,如自然科学的知识是排斥人的情感因素和价值因素的,但人们对科学知识的解释和运用仍然不可避免地会受到一定的价值取向的影响。归根结蒂,人类生活

在一个意义的世界中。"①儿童艺术教育应该与儿童的生活、经验、意义世界紧密相联,使儿童在这种教育中体验艺术、感受生活、理解他人、把握世界,只有这样,在艺术教育过程中儿童才能在正确的价值引导下感受到生命的意义、生存的意义、世界的意义。单纯地拥有艺术的相关知识,而缺乏相关的艺术体验,特别是与人生相关的艺术体验,是无法领略艺术的价值意义的。儿童艺术美育必须把艺术知识传授与艺术价值体验结合起来,在价值引导为主的前提下向儿童教授相关的艺术知识。

儿童抽象思维能力薄弱,智力还在发展之中,我们在传授艺术知识时,需要注重活泼、具体、生动的方式。在幼儿园和小学的艺术教育中,讲解绘画、音乐、舞蹈、剪纸等艺术形式之间的区别没有多大意义,儿童很难对理论概括产生兴趣,但可以让儿童通过颜色、声音、动作等去体验这些艺术形式之间的具体差别。让儿童在具体的绘画练习中,慢慢明白绘画以线条、颜色、光线等来表现思想和情感的道理,逐渐学会准确地表现自己的思想和情感的方法,逐渐掌握如何更生动形象地表现客观对象的处理技巧。在演奏和歌唱中,懂得音乐的相关知识;在舞蹈表演中,理解以肢体动作来表现思想和情感的技巧。对儿童接受来说,这比抽象的艺术知识讲解更为有效。在生动的艺术实践中,让儿童体味艺术是表达自身情感的一种方式,是认知世界的一种途径,也是自我和世界相处的一种形式,这是艺术知识讲解中必须遵守的重要教学原则。

以价值引导为主、以知识传授为辅的艺术教育,可以有效影响引导儿童的价值观念。艺术在根本上与人的具体生活体验和人的生命意义追求密切相关,经由艺术教育而实现的价值引导,能对儿童的成长发展产生根本性的影响,生活中诸多极为重要的价值观念就是经

---

① 俞吾金:《超越知识论——论西方哲学主导精神的根本转向》,《复旦学报(社会科学版)》1989年第4期。

由艺术教育的中介,而得到儿童的深切认同的。如环境保护的观念,可以通过让儿童学习描绘大自然景色的绘画,朗读描写自然美景的诗歌散文,阅读各类生态小说、动物小说、野外生存探险小说等,引导其对自然万物的"生命关怀",这比抽象教条的说教作用更显著。如苏联著名的儿童文学作家维·比安基所创作的《森林报》,以新闻报道的方式介绍森林里不同季节飞禽走兽和昆虫的生活知识,语言生动活泼,描写细腻,是著名的生物科普作品,能够很好地引导儿童对大自然的尊重和热爱。在儿童愉快的阅读中,保护森林、爱护动植物的观念,也能够很自然地深入其内心。类似的作品,如法国著名昆虫学家、散文家让·法布尔的名作《昆虫记》,美国著名散文家、生态学家梭罗的代表作《瓦尔登湖》等,都是对儿童进行生态教育的优秀作品。它们对儿童的自然知识教育中,都蕴涵着热爱自然、保护自然的价值引导。

总之,鉴于儿童和成人在智力上的不同特点,在儿童的艺术教育中,在一定的知识传授的基础上,更要重视价值观念的涵育和引领,以引导儿童世界观、人生观、价值观的健康养成。

2. 技能培养与趣味陶冶

我国现代著名漫画家、艺术家、教育家丰子恺先生认为,技术和审美人格是艺术不可偏废的两个重要方面。"技术和美德合成艺术。……所谓'美德',就是爱美之心,就是芬芳的胸怀,就是圆满的人格。所谓'技术',就是声色,就是巧妙的心手。先有了爱美的心,芬芳的胸怀,圆满的人格,然后用巧妙的心手,借巧妙的声色来表示,方才成为'艺术'。"[1]艺术如此,艺术教育也必然不能只重视技能而忽视美德修养。这不是说技术不重要,而是说不能唯技术,要在重视技术的基础上同时重视美德修养。因此,艺术教育既要传授一定的艺术技能,但要避免过多地依赖技能和技法的教授,颠倒艺术教育的

---

① 《丰子恺文集·艺术卷四》,浙江文艺出版社,浙江教育出版社1990年版,第19页。

　　　　　　　　　　　　　　　　　　　　　　　美育与当代儿童发展

目的和手段的关系。在儿童艺术教育中，要反对以技能技法的训练和掌握作为唯一目标的教育倾向。对于儿童来说，通过有效的教育手段，实现艺术技能培养与艺术趣味陶冶的共赢，是最为理想的艺术教育模式与目标。像儿童的钢琴练习，除了手型、指法等的基本功训练外，听觉的敏锐和对曲子的全面深入理解、把握更是不容忽视的。而儿童绘画，除了笔墨技法之外，视觉的敏锐和画面审美感的训练也是不可或缺的。总之，技能培养和艺术趣味陶冶是艺术美育中相辅相成的两个重要方面，两者缺一不可，只有两方面的完美配合才是成功的艺术美育训练。当然，两者比较，艺术趣味的陶冶可能更为关键。

趣味是儿童生活的重心，也是儿童艺术最为重要的特性之一。"儿童期的艺术创作是自发的、有趣的和充满满足感的活动，是一项让儿童对其创造的小小图画世界进行负责的富有创造性的事业。对于大部分幼儿来说，这是一种激情，而创作的压力是成年艺术家强有力的激励因素。"[1]如何把儿童的艺术与其生活统一起来，让儿童的生活完全趣味化，特别是在教育中充分发挥趣味的支配性作用，是很多思想家、艺术家都感兴趣的课题。教育学家杜威反对在教育过程中强加外在目的，力主培养学习者的兴趣。[2] 丰子恺也主张："故先生对于儿童，实在可以时时处处利用其固有的'趣味'，以抽发其艺术的感情，则教育的进行的道路必可平滑得多。"[3]梁启超是我国现代"趣味教育"最早的倡导者之一，他明确提出了"趣味教育"的概念。他指出：刺激诱发趣味有三种利器，就是文学、音乐、美术；一个人，一个民族，都需要通过艺术的涵育来成为有趣味的人，成为趣味高洁

---

① 克莱尔·格罗姆：《心理学家看儿童艺术》，石孟磊等译，世界图书出版公司2011年版，第91页。

② 转引自曾繁仁：《美育十五讲》，北京大学出版社2017年版，第327页。

③ 《丰子恺文集·艺术卷二》，浙江文艺出版社、浙江教育出版社1990年版，第229页。

的人。

对于儿童的趣味涵育比成人具有更重要的意义。因为成人由于心智的发展，往往已经养成了一定的趣味倾向，不像儿童具有更大的可塑空间。而儿童艺术教育的最终目的是通过艺术让儿童充分感受大千世界的缤纷，体味生命和自然的绚烂，从而涵育儿童对待生活的艺术态度和艺术人格，让每一个儿童都能够充分体味和享受生命和人生的美好。

当然，只重趣味而忽视技术的基础作用也是不可取的。因为，只有掌握具体的创作技巧，才能够创造完美的作品，而技巧的练习、技能的培养，必须经过长期持之以恒的刻苦练习。"不描不成图画，不奏不成音乐。凡技术以熟练为主。技术不能像数学地凭思考而想出，也不能像哲学地一旦悟通，必须积蓄每日的练习而入于熟达之域。"①儿童艺术教育需要平衡好技能技巧与趣味的相互关系。一味强调技能训练，忽视趣味陶冶，可能会戕害儿童对艺术的兴趣，进而致其不愿进行技能技巧训练。只有把技能技巧训练和趣味陶冶结合起来，在技能技巧训练中陶冶审美趣味，在趣味推动下持续保持技能技巧训练的热情，才能真正激发并保持对艺术的热爱和对生命的热爱，这才是儿童艺术教育的正途。

3. 艺术竞技与审美鉴赏

当前儿童艺术教育以拿奖、拿等级证书为目的，已不鲜见。重比赛、轻艺术普及，背离审美素质提升的根本目的，这种艺术教育的畸变已经成为当今儿童艺术教育的毒瘤。艺术竞技只是激励艺术教育水准的一种手段，如果把艺术竞技的成绩和获奖证书作为儿童艺术教育的目的，那就会本末倒置。

近年来，随着人民生活水平的提高和教育的发展，大多数儿童都

---

① 《丰子恺文集·艺术卷三》，浙江文艺出版社、浙江教育出版社1990年版，第25—26页。

能够获得一定的艺术教育的机会。绝大多数中小学都开设了绘画、音乐、舞蹈等课程，校外各种艺术培训班大量出现。学校、教育行政部门、社会机构等为推动艺术教育的发展纷纷举办各类艺术竞技活动，主办方设置一定的奖项名次和相应的奖金级别以鼓励参赛的学生，专业艺术机构和教育机构也通过艺术技能的各个指标来评定儿童的艺术技能，向其颁发一定的等级证书。毋庸置疑，这些艺术竞技活动和艺术等级评定行为可以在一定程度上激发儿童的上进心，帮助其克服艺术技能培训中遇到的困难，增强、激励儿童艺术学习的信心和热情；同时，比赛、评级也能引导艺术学习的重心，有利于发现、解决儿童艺术学习中的问题，提高学习效果。但若以竞技、评级为最终目的，就会导致一种实用主义的艺术教育观，偏离艺术教育的人文宗旨。

审美鉴赏力的培养，是艺术教育的基础目标。对于儿童来说，艺术活动主要还是一种"玩"。艺术并不在儿童的生活之外，而就是其生活本身的内容之一。通过纸上涂抹、随口哼唱，儿童借以表达自己的情感和想法，这是一种自然自由的游戏。当然，儿童艺术教育也有提升其艺术水平的要求，但将其作为唯一目标，且以考级或评奖来评判，就违背了儿童艺术教育的自然自由的游戏本性。儿童艺术教育应该创造各种条件，带领他们参加各种艺术展，聆听各种音乐会，观赏话剧舞剧，以一种具体可感、循序渐进的方式使儿童获得优秀艺术的熏陶，自然而然地提升其审美鉴赏的能力，培育其丰富的生活情趣。拿儿童学习软硬笔书法为例，通过各级考试，成为各级书协会员，都不应该是书法学习的直接目标。有浓厚的书写兴趣，能够领略各体书法作品的美；在学习、生活中，自己的书写能够满足相应需要，还能写得漂亮美观，悦己娱人，这才是儿童书法学习者应有的基本追求。

不是每一个儿童都将会成为专门的艺术家，但是，每个儿童都需要艺术的滋养，通过艺术活动，体验种种丰富、奇妙、难以言说的美妙感觉,获得身心的舒展和心灵的陶染。著名教育学家福禄培尔说:"让每一个学生在某一艺术部门成为一名艺术家,这不是目的;让每一个学生在一切艺术部门成为一名艺术家,这更不是目的",但"要使得每个人懂得观察和鉴赏真正的艺术作品"。①

在一些必要的儿童艺术竞技、考级活动中,需要注意:第一,要适当设置奖项和获奖面。与成人艺术竞技的专业性不同,儿童艺术竞技应重在参与、激励。只关注获奖、评级,而且越出艺术教育的自身轨道,把获奖当成儿童评优、升学,甚至是教育单位评优的工具,必然使儿童艺术教育"异化"。第二,在儿童艺术竞技中,要淡化活动的评价性,突出活动的趣味性。通过各种生动的方式,鼓励引导儿童去"玩"艺术,亲身体验与参与艺术的具体过程,这才是儿童艺术竞技的本来面目。

---

① 福禄培尔:《人的教育》,孙祖复译,人民教育出版社 1991 年版,第 171—172 页。

第三节　艺术美育与当代儿童的和谐发展

艺术美育是通过艺术来达成的审美教育。它突出的以情感为中心的综合功能，能有效促进儿童身心的协调成长，在儿童生命的主体性、创新性、和谐性的发展中，有着独特而重要的作用。

一、艺术美育与儿童的主体性

研究表明：个体精神发生史与人类精神发生史是一致的，儿童的成长乃是人类种系发生的浓缩的扬弃的重演。[①] 儿童的思维，是一种类似原始人的思维。早期人类理性意识薄弱，认为万物有灵，风雨雷电是神灵的作用，山川草木都有灵魂。他们对自我也缺乏清晰的认知，不能把自己与外物明确区分开来，而是常常把自我与外物相混同，即以己度物。儿童和原始人类相似，他们缺少自我意识，大人叫他宝宝，他就自称宝宝；大人叫她红红，她就自称红红。这个"宝宝"或"红红"，与外部世界的其他事物，并没有明确的区分。他们常常以为，自己被踩了一脚感觉到疼痛，小草如果被踩，也同样会感觉到疼痛，因此不忍去践踏青青小草。儿童的成长发展过程，就是其自我觉醒的过程，就是逐渐认识到自我与客体对象的不同，逐渐形成清晰的自我意识的过程。而促进儿童自我的觉醒，即主体性的生成，也是需要一定的外部刺激和契机的。

儿童不能区分自我和外部事物，他（她）们把一切都当成与"我"一样的东西。因此，他们与花儿语，与鸟儿唱，与白云舞。这就是舍勒所说的"同一感"。艺术活动也需要主客交融，但它是超越原始的"同一"，而进入"同情"。"同情"是建立在主客区分和新的统一基础之上的，是主体自我意识的提升。没有主体自我的觉醒，就只有混沌

---

① 　刘晓东：《儿童教育新论》，江苏教育出版社 2008 年版，第 295—297 页。

的"同一"，不可能有审美的"同情"。李白的诗作《独坐敬亭山》中有这样的名句："相看两不厌，唯有敬亭山。"李白长期怀才不遇，为排遣失意的苦闷寄情山水，于短暂的心境平静悠闲中与敬亭山相知相友。此时，他的与敬亭山"相看两不厌"，寄托着深沉的孤独感。而辛弃疾的词作《贺新郎》中的名句"我见青山多妩媚，料青山见我应如是"也是如此。在罢职闲居中，他与青山的互相欣赏，也同样寄寓着不得志的失意苦闷。因此，审美的"同情"不是原始思维中的主客不分，而是在特定情感状态中的"审美移情"。

借助于艺术的"审美同情"，艺术美育能够促进儿童的自我觉醒。比如，在儿童绘画中，从混乱的涂鸦到有规则的构图，标志着儿童对自己与外部世界的区分。"儿童从任意的涂鸦，接着使用自我中心的构图，呈现基底线，表现重叠及平面，再用透视法呈现视觉空间，乃暗示其愈增的视觉表现能力，亦即空间表现越来越合理化、视觉化与客观化。"[①]比如，儿童画了一幅太阳的粉笔画。这个太阳的粉笔画不仅仅代表了现实中的那个太阳，它更指向了儿童对自然中太阳的超越，他以一种简单的形象把太阳给客体化了，把自然界中的太阳置于了其自身对立面，使得自我超越了物我不分的自然意识，也使得自我的主体性获得了觉醒。同时，艺术形象的塑造，作为一种区分自我与客体的中介，其美的导向也促成意识中的知情意由低水平向高水平的提升。

艺术美育能够提升儿童主体性意识的作用也显著体现在学校艺术教育实践中。在中小学校中，那些画画、唱歌、舞蹈更好的儿童，往往显得更加活泼而自信；相反，那些缺乏艺术特长的儿童，常常会显得比较呆板而不出众。

---

① 黄壬来：《幼儿造型艺术教学——统合理论之应用》，五南图书出版有限公司 1988 年版，第 21 页。

二、艺术美育与儿童的创新性

儿童期是人一生中生命力勃发的时期，也是创造力发展最自由、最迅速的阶段。创造对于儿童是一件自然和充满乐趣的活动。艺术美育的重要任务就是保护儿童的自由天性，发展儿童与生俱来的创造力。

"创造"一词源于希腊文 Heuriko，意为"发现"、"首创"、"无中生有"。儿童期是人的感知最敏锐、情绪最活跃、想象最丰富的时期，也是开发人的创新素质的黄金时期。有研究认为，人的语言智能、身体动作智能、音乐智能、想象智能、逻辑智能、人际智能，在5岁前如不激活，就难以很好开发。

艺术是激发儿童创造力的最佳途径之一。科学研究表明，人脑左半球主要掌管语言和逻辑功能，右半球主要掌管非语言和形象功能。只有两半球交替兴奋，互相诱导，互相促进，人的创造力才能充分发挥。

当儿童还不会说话时，他就可以通过声音和图画来表达自己的情感和想法。儿童与花儿言语，与鸟儿为伴，与小狗小猫相戏，这是因为儿童的世界本身就是形象的情感的自由的世界。直到少年前期，儿童的艺术发展进入人们常说的青少年艺术发展的"冬眠期"。这是因为，在这一时期，儿童的自我意识、情感中自然进行的图画、音乐表达与理性思维表达之间出现了冲突，儿童原本偏重于直觉感受的艺术创作，开始受到理性介入的影响；儿童原本活跃的想象力开始向客观认识转化。而在此之前，如果我们的儿童教育过于片面地重视儿童的认知能力发展，强制的、过度的智力训练有可能会危害儿童的自由潜能，戕害儿童感知、认识世界的丰富情趣。这是因为，右脑神经的活动会因形象思维和情感活动的减弱而受到抑制。而在我国当下分数至上的教育误区中，以艺术教育来保护儿童的创新思维，促进儿童教育的全面性，具有重要的现实意义。与我国在儿童教育中高度重视知识教育不同,世界上一些发达国家却在有意识地延缓儿童开始知识学习的时间,限制儿童的知识学习时间,以给予儿童更多的游戏活动时间,让孩子们充分地发展自己的兴趣爱好和培养自己的特长。芬兰的教育多年称霸全球,但他们的孩子 7 岁才入学。德国立法规定禁止学前教育,幼儿园中不得进行专业知识教育。让人意外的是,芬兰、德国的孩子进入社会后,却富有创造力,拥有高度的知识素养。这种状况是值得我们深思的。

"正是通过美,人们才可以走向自由。"①儿童是天生的艺术家,其情感丰沛率真,想象天马行空。以情感体验和情感驰骋为中心的艺术活动,是人类实践中最张扬创造力和个性的活动。如果儿童能够经常进行艺术创作或审美欣赏,他的创造力就能够处于活跃的状态,对现实生活的机械法则、理性法则等产生一定的抵御调节作用。

三、艺术美育与儿童的和谐性

和谐是外部自然和主体自我的和谐,是主体身体和心灵的和谐,也是心灵世界中知情意的和谐。艺术美育的本质是生命的教育,它全面调动了人对生命的感悟、直觉、想象、思想、创造、欣赏的综合能力,使人的生命趋向完整与和谐。

积极的艺术美育,可以促使儿童感性与理性的和谐发展。康德较早意识到美乃是人类知性与理性和谐交融的产物。他把经验划归给感性和知性领域,把道德划归给理性领域。感性和知性领域是自然的领域,而理性领域乃是自由的领域。两个领域互不相关。不过,康德进一步认为,若是两个领域之间没有任何沟通的桥梁,那么人自身也就分裂了,而且这也不符合纯粹理性自身的完整性。康德认为,我们还有一种先天的能力,即判断力,它可以沟通知性和理性领域、自然和自由领域,这就是美的能力。席勒在康德美学的基础上,进一步

---

① 《席勒散文选》,张玉能译,百花文艺出版社 1997 年版,第 156 页。

研究了人的感性冲动和形式（理性）冲动的关系，强调了审美的中介作用，指出"美是两种冲动的共同对象，也就是游戏冲动的对象"①。

积极的艺术美育，可以促使儿童身心一体地健康成长。法国美学家杜夫海纳认为，当我们谈论身体时，已经映射到心灵，当我们谈论心灵时，已经涉及身体，"我不再这样认为一个身体连接着一个心灵，而是一个心灵化的身体；也不是一个心灵连着一个身体，而是一个肉身化的心灵"②。但在现实生活中，身心不一定能刚好一致发展，可能是某一方面得到更快的发展。如体育主要锻炼了身体，德育和智育主要发展了精神。艺术美育则不同。不管是舞蹈、音乐，还是绘画、诗歌，都需要身心的共同成长。没有生命灵性的参与，身体的动作不可能这么悠然，音乐的旋律不可能这么深沉。艺术美育既可发展儿童的视、听等感官，锻炼儿童的四肢和身体，也可提升儿童的情感、思想、精神、心灵等内在的东西。像儿童学习钢琴演奏，除了对作品的深入理解和完美表现外，儿童演奏的成功还包括优美典雅的弹奏动作、端正的坐姿和标准的手型以及儿童全身上下散发出来的音乐气质。舞蹈练习对儿童身心和谐发展的积极影响更为典型。身材的匀称、身体动作姿势的优美等是舞蹈练习对儿童身体发育的积极成果，这也是许多家长愿意鼓励儿童去学习舞蹈的重要原因。但身体训练之外，舞蹈练习对儿童的视听感官训练，对儿童审美素养、儿童整体气质的提升等，都具有非常重要的作用。

积极的艺术美育，可以促使儿童更好地理解和对待个人与社会的关系。在某种程度上来说，儿童由于缺乏"他者"的意识，他的本能就是保存自己，使自己的生存获得最大利益化。著名教育学家福禄培尔曾尖锐指出："不可否认，目前在幼儿和少年儿童的世界里十分缺少真正天真无邪的、虔诚的意识，缺少相互宽容的、友好地忍耐的、

---

① 《席勒散文选》，张玉能译，百花文艺出版社 1997 年版，第 212 页。

② Mikel Dufrenne, *The Notion of the* A Priori, translated by Edward S. Casey, Illinois: Northwestern University Press, 2008, p. 139.

真正宗教的意识,相反地,自私自利、不友好,特别是粗暴行为等等却占了统治地位。"①康德认为,美是没有概念的普遍性,它可以实现他者之间的沟通。如我们鼓励一个儿童在陌生人面前表演歌舞或绘画的才艺,当他的表演和作品获得陌生人的赞赏时,他就获得了一种与他者的交流,获得了一种社会性的体验。"审美教育对象即学生的审美欣赏和创造能力,其形成的方式放在自我和他者之间来看,必然与他者的行为表现密切有关。"②因此,自闭症的儿童,也可以通过艺术美育,来打开其孤独闭塞的心门,帮助其向外界和他人敞开。自闭症儿童因为沉浸于个人世界,无法与外部世界沟通,而艺术创作能够表达自我的感受,是语言之外的重要表达方式,这一定意义上为部分自闭症儿童打开了与外界沟通的桥梁。部分自闭症儿童因为具有不同于常人的特殊感知方式和空间记忆能力,这使得他们好像在儿童绘画方面具有一定的"天赋"。国内外新闻媒体不时有自闭症绘画天才的报道出现。如英国 2013 年 6 月 12 日《每日邮报》报道的 3 岁女孩艾瑞斯·格瑞斯·哈姆肖,学习绘画三个月后就展现出了在绘画方面的惊人天赋。再如我国的毕昌煜,3 岁被确诊为自闭症,学习绘画后,也展现出了超人的绘画才华,曾被著名美术家陈丹青评价为"中国的毕加索"。儿童绘画对自闭症的治疗作用、自闭儿童的绘画天赋等问题,已经引起了美术界和学术界不少人的关注;而这两者之间的关系清楚地说明了艺术美育所具有的社会性功能。

艺术美育不是一种可有可无的"玩意",但我们也不能用实用主义的标准,来要求其即时即地见成效。同时,基于儿童特殊的生理和心理特点,我们也需要区分儿童艺术美育和成人艺术美育的不同。适合成人艺术美育的方法不一定适合儿童艺术美育,这就需要我们做具体而深入的探研。

---

① 福禄培尔:《人的教育》,孙祖复译,人民教育出版社 1991 年版,第 79 页。
② 郑素华:《审美教育行为的特征探析》,海燕出版社 2012 年版,第 156 页。

第四章
立体建构：生命美育与当代儿童的自由发展

　　人的生命有生理生命、精神生命、社会生命等存在形态。儿童时期，生理生命活跃，精神生命生长，社会生命初萌。虽涉世未深，但生命勃发。如果此时能够及早接受生命美育，形成热爱生命、体味生命、创化生命的生命意识，对一个人的生命成长及其整个一生都有不言而喻的重要意义。反之，如果忽视生命美育，漠视自我及他人生命的存在，不仅无法尽情感受生命的爱与美，严重的也可能会形成反社会反人类的畸形人格。

第一节　生命美育对儿童发展的意义

生命美育是一种情趣高尚、情理合一的生命情感涵育和生命精神教育。儿童生命美育把儿童看作身、心、灵完整的生命个体,对儿童的生命过程和生命状态进行全面的关注,力图以美育的生动方式培养儿童的感受、观察、想象、模仿、创造等多样生命能力,并努力引导儿童形成对生命的热爱、尊重和珍惜,鼓励儿童追求生命意义和生命价值的实现等。

生命美育对儿童发展具有重要的意义。健康和谐的生命情感、理性进取的生命精神,是影响、制约儿童生命存在的根本性因素,而生命存在是儿童发展的基础。对儿童来说,抽象地命令他们热爱生命,抽象地告诉他们生命尊严的重要性和实现生命意义价值的可贵,是很难让他们理解接受的。生命美育则不然,无论是生动有趣、情节曲折的故事,还是色彩艳丽、构思巧妙的图画,抑或雕塑或者音乐作品,经由审美中介的生命教育,可以让儿童在快乐具体的审美体验中自然而然地理解生命的美好和可贵,领悟生命存在的意义和价值。

长期以来,我国的儿童教育相对忽视生命教育,导致很多儿童缺少科学的生命观念。往小处说,对自然生命缺乏敬畏和尊重,并不鲜见。如公园里鲜花盛开,但常被人随意攀折。地上的小蚂蚁,空中的蝴蝶,河里的小鱼小虾,常被人随意捕捉。一些成年人对儿童的这些行为不以为意,甚至有些还以尊重儿童爱玩的天性为借口来鼓励这种种行为。其实,这里面也存在着严重的漠视生命不尊重生命的问题。更可怕的是人们的习以为常,习焉不察。有识之士指出,我国的字典、辞典中存在一些生命意识不当的词条。如商务印书馆出版的第 11 版《新华字典》,关于"马"字的解释是:"家畜,头小,脸长,颈上有鬃,尾有长毛。供人骑或拉东西等。"商务印书馆出版的第 6 版《现代汉语词典》,关于"骆驼"的解释是:"哺乳动物,反刍类,身体高大,头小颈长,背上有驼峰,蹄扁平,蹄底有肉质的垫,适于在沙漠中行走。有双重眼睑,不怕风沙。有高度耐饥渴的能力。嗅觉灵敏,能嗅出远处的水源,又能预感大风的到来。供骑乘或运货,是沙漠地区主要的力畜。"这里的字词解释主要由两部分构成,除了动物的客观特点,就是其在人类的日常生活中的作用。从这种字词解释可以想象,儿童学习"马"字或者"骆驼"词条后,不会有对马和骆驼的生命尊重意识,因为他们极其自然地就把马或者骆驼看成了为人服务、低于人的生命存在。在我国儿童广泛使用的字典、辞典中,对自然生命的这种解释方式非常普遍,它典型地反映了对自然生命缺少平等和相互尊重的意识。

缺乏对生命的基本尊重,漠视动物,轻视自己和他人的生命存在,这种种现象在现实中并不少见。比如有人在重大生活灾难的救援现场打 V 手势拍照,有人以虐猫虐狗等虐待小动物的生命为乐,有些中小学生因为学习上的一点点挫折或者生活中的一点点不如意甚至就自杀或与同学一起自杀放弃生命。据新闻报道,有小学高年级学生因为与同桌闹矛盾而自杀的,有小学毕业生因为毕业典礼上的座位调整跳楼的,有初中生因为被老师批评而放弃生命的,也有初中毕业生因为中考失利上吊的。有个初中女生,在张国荣忌日前提出要买纪念光盘,被妈妈拒绝后,就上吊自杀了。如此脆弱的生命,如此触目惊心的对生命的漠视,突出地暴露了孩子们生命意识的严重欠缺。我国当前的中小学教育,长期以来一直偏重于智育,只重视学生知识获取和考分名次,即使在素质教育有了很大发展的今天,仍然普遍忽视对儿童的生命关怀。孩子在学习知识时,是不是开心快乐,远不如他们考了第几名,考出了什么等级重要,这已经成为阻碍当今儿童健康发展的大问题!今天的升学竞争,甚至从幼儿园报名时就开始了,到升小学,升初中,到中考。老师和孩子被迫努力的是:反复做题,提高考分。这种机械性的学习,还有何生命乐趣可言,有何生命意义可寻?

生命美育是儿童生命成长的基本需要。必须让生命美育回归儿童的生命成长中。儿童生命成长的过程,从本质上说,就是超越生命的本能状态,逐渐走向生命的自觉自由的过程。儿童的思维具有突出的万物有灵、推己及物地来把握事物的特点,这种原始思维方式中已含蕴人与人、人与各种生命平等、一体的观念。借助生命美育的生动中介,可以让儿童进一步熟悉自然生命的五彩斑斓,了解人类生命的尊严可贵,欣赏人类生命价值实现的灿烂,这都会帮助儿童进一步深化对各种生命存在的深厚感情,更好地形成健康和谐的生命情感和理性进取的生命精神。

有意识的生命美育应该从人的幼儿时期开始,持续一生。生命美育开始越早,对儿童一生的积极影响就会越大,生命美育自身的价值也就越突出。生命之美,是支持一切生命在挫折、失败、困顿中百折不挠、永不放弃的唯一理由。生命之美,是感受生命精彩、谱写生命华章的深层根基。生命之美,也是赋予生命温暖、自由的内在源泉。生命美育,就是引领儿童去发现生命之美,感受生命之美,热爱生命之美。生命美育对鼓励儿童正确地面对生命挫折,百折不挠地追求生命价值的实现具有重要的启蒙意义。

生命美育也是启发儿童体悟生命价值的重要途径。生命的意义何在? 这是人的生命存在实现生命自由必须认真回答的问题。正是对生命价值的深入认识,支撑着人的生命存在,保证了人的生命自由。因为在人的一生中,不可能没有任何生命困惑,不可能一直一帆风顺,也不可能完全不遭遇丁点挫折。儿童在年幼的时候可能仅凭本能以及生活习惯就能活得简单快乐,但生命的困惑终究会慢慢浮现出来。儿童的成长过程既是身心的发育,也是逐渐觉悟生命的价值和意义的过程。

生命价值问题极为重要,但要很好地回答这一问题非常困难。有太多的成年人甚至穷其一生都没有能够回答好这一问题。人生一世,草木一秋,我们究竟为何而活着? 许多人浑浑噩噩一生,完全是靠生命本能和生活习俗等支撑着过完了一生。长大,结婚,生子,孩子大了,自己老了,这是不少人一生生命的写照。没有对生命价值的自觉意识,没有生命的主动性,没有达到生命极限的灿烂绽放,甚至连自我都没有找到,这样的一生又有何意义和价值?

对于生命价值的自觉而言,特别是对于儿童来说,抽象的理性说教相较于生动的生命美育,后者显然更能接受。儿童时期,理性能力和意志控制能力比较薄弱,要使儿童对自我的生命、生命价值有自觉的意识,对自我生命与他人生命的关系有自由的意识,远较成人困难。利用审美联想和想象,创造出虚构的生命美育情境,以儿童能够理解、乐于接受的方式引导儿童理解生命的价值,这对于帮助儿童逐渐自觉认识生命价值问题,是很有积极意义的。

如以文学阅读为例。不管哪种题材的文学作品,写人也好写景也好写动物也好,其实质都是对人的情感和生命的直接间接的描绘,内蕴着对生命意义和价值的思考。我们读王维的《辛夷坞》:"木末芙蓉花,山中发红萼。涧户寂无人,纷纷开且落。"这首诗歌对山涧中独自开落的辛夷花的描写,生动形象,且别具深意。生命的自在自得,不待人的欣赏喝彩,其价值意义自足,这种对生命意义的思考是引人深思的。儿童读这首小诗,不一定会理解得很深刻,但一定会对辛夷花以及它象征的生命之特点留下深刻的印象。而《红楼梦》中甄士隐为跛足道人的《好了歌》所作的解注:"陋室空堂,当年笏满床;衰草枯杨,曾为歌舞场。蛛丝儿结满雕梁,绿纱今又糊在蓬窗上。说什么脂正浓,粉正香,如何两鬓又成霜?昨日黄土陇头送白骨,今宵红灯帐底卧鸳鸯。金满箱,银满箱,转眼乞丐人皆谤。正叹他人命不长,哪知自己归来丧!训有方,保不定日后作强梁。择膏粱,谁承望流落在烟花巷!因嫌纱帽小,致使锁枷扛,昨怜破袄寒,今嫌紫蟒长,乱哄哄,你方唱罢我登场,反认他乡是故乡。甚荒唐,到头来都是为他人作嫁衣裳。"作品虽然充满了虚无主义思想,但对生命无常、人生无常的揭示,还是能够深刻启发人去思考生命的意义和价值问题的。

美国短篇小说大师欧·亨利的著名作品《最后一片叶子》，很多人都读过。小说讲述了患肺病的青年女画家琼西丧失了活下去的勇气，把窗外长青藤上最后一片叶子的凋落与自己的生命联系在一起，认为叶片凋零之时便是自己离世之日。当琼西陷入对生命的绝望之时，她的好朋友，另一位青年女画家苏非常伤心，把琼西的故事告诉了她的邻居贝尔曼。贝尔曼这位 60 多岁的老画家一生穷困潦倒，却非常热爱艺术，每天都说自己要创作惊世杰作了，却始终流于空谈。听了琼西的故事后，这位老画家在风雨之夜，在长青藤上画上了一片永不凋零的绿叶，以鼓舞琼西活下去的勇气，而他自己却着了凉，最终染上肺炎而辞世。贝尔曼牺牲自己的生命所画的最后一片永不凋谢的叶子，鼓舞了琼西活下去的勇气。这篇小说对生命与友谊、自然与艺术的关系的深度探索，具有强大的艺术感染力。读罢小说，几乎没有人不被贝尔曼和苏的爱心所感动，不被琼西的生命困惑和生命意志所触动。儿童可能在理论上对生命的价值和生命的意义问题不感兴趣，但读过欧·亨利的这篇小说后，一定会对老画家的生命追求唏嘘动容，并进而对生命价值和意义的问题有所触动。

　　当代儿童艺术发展迅速，出现了很多新的艺术样式，如 3D 动漫电影，其中也有一些优秀的作品涉及对生命价值和意义问题的表达。美国的《疯狂动物城》和《奇幻森林》就是如此。前者讲述了小兔子朱迪梦想成为一名警察，在遭遇了各种挫折后，最终成功实现了自己的人生梦想。朱迪这只住在郊区的小兔子，从小的梦想就是成为一名打击罪犯的警察，但在现代动物城市中还从来没有兔子成为警察的先例，人们也都不认为朱迪能够成功。朱迪最终通过自己的努力进入了警察局，但成为真正警察的生命旅程才刚刚开始。朱迪在全是由大块头动物做警员的警局受到了歧视，被派去当贴罚单的交警，而不是破案抓罪犯的真正警察。片中的朱迪从未放弃自己的梦想，而是为自己争取到了对动物失踪案的办案权。朱迪与狐狸合作，拯救了 14 只失踪的动物，并揭露了市长助理绵羊利用食肉动物与食草动物的相互不信任,妄图颠覆动物城的巨大阴谋,最终为动物城立下大功,成了一名合格的警员。整个故事的表层就是人们所熟知的美国梦——只要你坚持、努力就能实现自己的人生梦想。勤奋、善良、可爱的朱迪形象能够引发儿童思考如何坚持梦想、实现生命价值的问题。自然,这部电影在更深层次上还探索了如何正确面对偏见和超越偏见进行生命交往等话题,这也能够引发儿童进一步去思考感悟。《奇幻森林》则讲述了由狼群养大的狼孩毛克利,面对恶虎谢利·可汗的生命威胁,思考是留在森林还是回归人类世界的故事。毛克利的父亲带着他外出旅行,夜宿山洞时受到了猛虎谢利·可汗的攻击。为了保护毛克利,他的父亲被老虎杀害,而他的父亲也杀伤了谢利·可汗。后来,毛克利走出山洞来到森林,他遇到了豹子巴希拉,巴希拉把毛克利交给了狼群来抚养。森林大旱的和平时期,谢利·可汗发现了人类毛克利,他决心要在和平时期结束后亲自杀死毛克利复仇。毛克利在巴希拉的命令下,开始了逃跑历险。在遇到棕熊巴鲁后,受其启发,开始思考生活的意义。最后,在得知抚育他成人的狼群的头狼被谢利·可汗杀害后,毛克利决心向谢利·可汗复仇,并获得成功。毛克利最终也根据自己的意愿选择生活在丛林中。故事在曲折的报恩、复仇的情节背后,是狼孩毛克利逐渐认识到生活的意义,并最终通过努力实现了选择自己的生活方式的愿望。欣赏这样一部影片,儿童会和毛克利一起困惑、困扰、思考、醒悟,从而启发他们对自己生活和生命的自觉选择。

另外,当今市场经济的飞速发展,使得利益主义、拜金主义、享乐主义等观念盛行,加大了生命教育的难度。当今时代的科技发展非常迅速,市场经济竞争非常激烈,这使很多人的生活、工作压力非常大,单纯地追逐金钱,又让人深深地感觉到了生命的庸碌甚至是虚无。在让人身心疲惫的工作、生活中,特别是面对工作或者生活中比较大的挫折的时候,生命的意义问题往往就成为人们备感困惑的重大问题。而另一方面,随着经济的发展,温饱问题初步解决后,更进一步的精神需要,即对生命价值的追问也会变得更加重要。"人首先要活着,才有为什么活着的问题。活着都成问题的时候,大家就会拼命赚钱。物质发展到一定的时候,大家就会追问活着是为什么。明白怎么活不是那么容易的。"①此外,我国特殊的国情,在长时间内一直实行一个孩子的生育政策,这一政策现在虽然已经开始变化,但那些已经来到这个世界的独生子女数量已经极为庞大,许多家庭都对这一个宝贝备加宠溺,这些儿童就像生长在温室中的花朵,从没经历人生的风雨,挫折教育极为缺乏,生命价值意识相对淡薄。

生命美育以契合儿童天性的审美教育方式,在审美愉悦中潜移默化地陶冶儿童的生命情感,使其养成对生命的热爱和尊重,并逐渐去体味生命的本质和本义,引导他们逐渐自觉地去追求生命的价值和意义!如丰子恺的儿童漫画,大量描绘了儿童世界中万物一体的美好意境,实际上传达的就是个体生命打破主客二分后的自由性与超越性,是使自己与外物与他人与世界融为一体的自由存在与诗意价值。类似丰子恺作品中的这种生命自由境界,就是儿童生命美育中具有特别价值的美育内容。

---

① 李泽厚、刘绪源:《该中国哲学登场了——李泽厚 2010 年谈话录》,上海译文出版社 2011 年版,第 153—154 页。

第二节　生命美育的民族文化底蕴

　　生命美育通过审美情感的陶冶来引导儿童生命意识的觉醒,进而促进儿童生命的健康和谐发展,鼓励儿童努力追求生命价值的实现,突出体现了美育对当今科技时代和市场经济语境下儿童发展问题的独到关注,同时这也是对中华民族文化特有的人文传统与生命精神的传承弘扬。

　　中华文化高度珍视生命的意义,倡扬热爱自然,关爱万物,目骋心游,天人合一,希望将个体生命融身大化,追求超越,体味永恒。这种思想具有深沉的生命价值底蕴,体现了浓郁的人文精神品格。

　　儒家倡导乐生立德,追求生命至美至善的统一,并孕育形成了极富生命教育内涵的诗乐教化的美育传统。孔子高度重视诗歌和音乐的美育功能,要求"兴于《诗》。立于礼。成于乐"[1]。他评价"《关雎》,乐而不淫,哀而不伤"[2],在《诗经》中将其列为首篇。他教导人要珍爱生命,"未知生,焉知死?"[3]所以,他非常欣赏颜回的人生态度,"一箪食,一瓢饮,在陋巷。人不堪其忧,回也不改其乐"[4]。他倡导人与自然和谐,"知者乐水,仁者乐山"[5],"浴乎沂,风乎舞雩,咏而归"[6],在大自然的怀抱中去舒展生命、畅享生命。

　　中国文化中,由孔子奠定的儒家美育传统,要培养的是"美善"统一的君子人格,这是消除了自我与他人、个人与天地的对立的社会性生命和谐境界。儒家认为人要彻底消除私欲,实现最高的善,必须意识到人与他人生命的本然统一性,并努力通过道德修养以达到这种

---

① 陈戍国点校:《四书五经》,岳麓书社 2002 年版,第 31 页。
② 陈戍国点校:《四书五经》,岳麓书社 2002 年版,第 21 页。
③ 陈戍国点校:《四书五经》,岳麓书社 2002 年版,第 37 页。
④ 陈戍国点校:《四书五经》,岳麓书社 2002 年版,第 27 页。
⑤ 陈戍国点校:《四书五经》,岳麓书社 2002 年版,第 27 页。
⑥ 陈戍国点校:《四书五经》,岳麓书社 2002 年版,第 39 页。

自我生命与他人生命的和谐统一的人格境界。儒家大思想家之一，有"亚圣"之称的孟子则从人皆有"恻隐之心"出发，来论证个人与他人之间的"类生命"在本质上的统一性，这种统一性决定了个人作为社会关系的存在，要实现自己的无私至善，必须努力促使他人也同时达到这一生命的美善统一之境。在儒家看来，拥有了君子人格，个人就能够"赞天地之化育"，"与天地参"。个人与天地并立，也就达到了"天地人三才"的并立，在这时，人的生命就不仅是"类生命"的和谐，而进一步与天地万物的生命也和谐地统一起来了。儒家经典《中庸》中有这样一段名言："惟天下至诚，为能尽其性；能尽其性，则能尽人之性；能尽人之性，则能尽物之性；能尽物之性，则可以赞天地之化育；可以赞天地之化育，则可以与天地参矣。"①因此，儒家认为人的生命追求就是道德追求，是天地境界；人在这一天地境界中，就将人的个体生命与天地万物的生命统一了起来，以"诚"涵括了对生命之美的最高概括，从而将人的生命伦理与宇宙大道相贯通。周敦颐的"绿满窗前草不除"，以"观天地生物气象"。程颢的养鱼，时时观之，"欲观万物自得意"。这都是至诚之自得，人伦之道和天地之道的和谐，即"万物一体"、"天人合一"。

道家文化与儒家文化有所不同，但在追求大美、倡导物我天地之交融和谐上，却有明显的共通之处。老子以"万物并作"为大道。他说"道生一，一生二，二生三，三生万物。万物负阴而抱阳，冲气以为和"②。他最推崇"水"的品格，利善万物，以柔胜刚，体现了生命的博大胸怀和内在力量。庄子继承了老子的基本思想，主张万物平等。庄子欣赏的生命境界是"天地与我并生，而万物与我为一"，博大，雄浑。庄子认为在现实的痛苦中应该追求精神的虚静、逍遥，包括面对生命的终结，都应该让个体坦然欣纳，并超越到更宏阔的境界中去。

---

① 陈戌国点校：《四书五经》，岳麓书社 2002 年版，第 11 页。
② 陈鼓应：《老子注译及评介》，中华书局 2009 年版，第 225 页。

道家所推崇的这种自然统一的生命境界为中华文化的人文传统增添了重要的思想维度。

佛教则要求人洞察万有皆空的本质，从而放弃对事物的执着，以随缘但惜缘的态度认真地面对各种生命存在，明确提倡"众生平等"的生命平等和谐观念。而且佛教认为"无常故苦"，佛、菩萨都是以大慈悲同情来拯救众生之苦的，这就形成了深沉的"护生"意识。佛教戒律"不杀生"、"茹素"，突出表现了对众生生命的关怀。佛祖甚至"舍身喂鹰饲虎"，这种极端的护生事例更是突出反映了佛教的生命关怀意识。佛教所倡导的众生平等、护生意识，同样是中华文化人文传统的重要维度。

儒道释思想的交融互补，共同熔铸了中华文化极富生命意识的人文传统。自古以来，我国人民倡导生命和谐、关爱生命，要求人与自然的和谐统一，形成了独特的人文传统。所谓"扫地恐伤蝼蚁命，怜惜飞蛾纱罩灯"，体现了对自然生命的高度关怀和呵护。

西方文化传统则主要以主客二元的认识论为思想基础，突出人的认识主体地位，强调"真理"的重要性，在美学、美育中关注"美与真"的联系，倡导人对物的理性认识，进而肯定、张扬人的生命欲望。特别是西方现代文化中，肯定、张扬人的欲望成为其标志性特征，其迅速发展也带来一定的环境问题。对现代性的反思，成为西方后现代文化的旗帜。

在美学上，从古希腊时期柏拉图思考美的理式开始，西方美学一直强调美与真的内在联系。西方经典美学将美学归属于哲学。古希腊大哲学家兼美学家亚里士多德认为哲学学科的目的就在于探索真理。他说："哲学被称为真理的知识自属确当。因为理论知识的目的在于真理，实用知识的目的则在其功用。从事于实用之学的人，总只在当前的问题以及与之相关的事物上寻思，务以致其实用，于事物的究竟他们不予置意。现在我们论一真理必问其故，如一事物之素质能感染另一些事物，使之具有相似素质，则必较另一事物为高尚（例如火最热,这是一切事物发热的原因);这样,凡能使其他事物产生真实后果者,其自身必最为真实。永恒事物的原理常为最真实原理(它们不仅是有时真实),它们无所赖于别的事物以成其实是,反之,它们却是别的事物所由成为实是的原因。"[①]哲学以求真为目的,美不过是"真"的感性呈现,这是西方最具代表性的经典美学观念。

与西方不同,我国古典美学提倡审美中个体生命投身宇宙生命的美感超越性。"美感(审美活动)在物我同一的体验中超越主客二分,从而超越'自我'的有限性。中国古代艺术家都在审美活动中追求一种万物一体、天人合一的境界,也就是把个体生命投入宇宙的大生命('道'、'气'、'太和')之中,从而超越个体生命存在的有限性和暂时性。这就是美感的超越性。"[②]与西方美学相比较,中华美学推崇的美感超越性中所呈现的生命意识非常鲜明,这与西方美学有很大不同。如陶渊明《饮酒(其五)》中的"采菊东篱下,悠然见南山。山气日夕佳,飞鸟相与还。此中有真意,欲辨已忘言",这种言语无法形容的境界,就是人投身自然大化后,生气充盈的超越性境界。再如李白的诗歌《山中问答》:"问余何事栖碧山,笑而不答心自闲。桃花流水窅然去,别有天地非人间。"诗人隐居碧山读书的脱俗生活,是在"心自闲"中"别有天地"的生活;这个"别有天地"就是"桃花流水杳然去"的自然自由,就是自己与碧山,与自然的"万物一体"的生命境界。中华美学所推崇的这种"天人合一"、生气充盈的生命境界,与西方美学所肯定的真理显现,具有不同的文化韵味。

正是从中华美学的生命意识出发,丰子恺提出了"艺术以仁为本"的美学思想。[③] 丰子恺用儒家文化的"仁爱"思想,解释西方美学中德国美学家立普斯提出的移情说和艺术构思中的拟人化想象,高度称赞中华文化的人文传统。"所谓拟人化,所谓感情移入,便是把

---

① 亚里士多德:《形而上学》,吴寿彭译,商务印书馆 1959 年版,第 33 页。
② 叶朗:《美学原理》,北京大学出版社 2009 年版,第 142 页。
③ 《丰子恺文集·艺术卷四》,浙江文艺出版社、浙江教育出版社 1990 年版,第 13 页。

　　　　　　　　　　　　　　　美育与当代儿童发展

世间一切现象看作与人同类平等的生物。便是把同情心范围扩大，推心置腹，及于一切被造物。这不但是'恩及禽兽'而已，正是'万物一体'的大思想——最伟大的世界观。"①丰子恺认为"万物一体"是中国文化思想的大特色，是中国人民所创造的超越了世界上一切国家民族的精神文化。这种文化决定了中国人特别爱好自然，孕育了中国特有的绘画和诗歌。关于中国绘画与西方绘画的不同，丰子恺说："远古以来，中国画常以自然（山水）为主要题材，西洋则本来只知道描人物（可见其胸襟狭，眼光短，心目中只有自己），直到十九世纪印象派模仿中国画，始有独立的风景画与静物画。"②西方风景画与静物画的产生事实上并不是形成于对中国画的模仿，丰子恺所说并不准确，但中国绘画自古以来重视对自然风景的表现，这与西方绘画确实有很大不同。丰子恺从中华文化的"万物一体"来解释中国画擅长山水题材的原因也是非常独特的，有一定的道理。关于中国诗歌中常用的拟人手法，丰子恺认为："所以前述的'拟人化'的描写，在中国诗文中特别多用。例如：'感时花溅泪，恨别鸟惊心。''岸花飞送客，樯燕语留人。''蝶来风有致，人去月无聊。''蜡烛有心还惜别，替人垂泪到天明。'等句，不胜枚举。这都是用'万物一体'的眼光观看世间而说出来的。若用西洋人的褊狭的眼光来看，则花鸟只是装饰与野味，月亮只是星球，蜡烛只是日用品，全无艺术的芬芳了。故中国是最艺术的国家，'万物一体'是最高的艺术论。"③对诗歌中"拟人"这一修辞手法的大量使用，丰子恺追溯到中华文化的"万物一体"思想，认识上是非常深刻的。此外，丰子恺还研究了艺术家作为艺术创作者的"仁者"特征，认为"艺术家必为仁者，故艺术家必惜物护生"④。

---

① 《丰子恺文集·艺术卷四》，浙江文艺出版社、浙江教育出版社 1990 年版，第 14 页。
② 《丰子恺文集·艺术卷四》，浙江文艺出版社、浙江教育出版社 1990 年版，第 15 页。
③ 《丰子恺文集·艺术卷四》，浙江文艺出版社、浙江教育出版社 1990 年版，第 15 页。
④ 《丰子恺文集·艺术卷四》，浙江文艺出版社、浙江教育出版社 1990 年版，第 15 页。

丰子恺特别重视艺术教育的意义,他的相关理论与实践是当代儿童生命美育极为重要的资源。他说:"倘非必不得已,决不无端有意地毁坏美景,伤害生物,一片银世界似的雪地,顽童给它浇上一道小便,是艺术教育上一大问题。一朵鲜嫩的野花,顽童无端给它拔起抛弃,也是艺术教育上一大问题。一只翩翩然的蜻蜓,顽童无端给它捉住,撕去翼膀,又是艺术教育上一大问题。我们所惜的,不是雪地本身,不是野花本身,不是蜻蜓本身,而是动手毁坏或残杀的人的'心'。雪总是要融化的,花总是要零落的,蜻蜓总是要死亡的,有什么可惜呢? 所可惜者,见美景而忍心无端破坏,见同类之生物而忍心无端虐杀,是为'不仁',即非艺术的。这点'不仁'心推广起来,可以杀人,可以变成今日世间杀人放火的法西斯暴徒! 坚冰履霜,可不慎哉?"[1]

1927 年,丰子恺皈依佛教成为在家居士。他的漫画名作《护生画集》,集中展示了爱惜呵护生命的"仁心",批判了种种"不仁"的丑恶与残忍。

今天,科技理性和市场经济创造的丰盈的物质财富逐渐将"我"浸淫,使"我"迷失,使得教育与生命、教育与人性的距离日渐拉远。用生命美育来引导儿童教育,最关键的就是要引领儿童在生命的快乐中自由发展,珍爱生命本身,珍爱生命的存在。美是生命的肯定,它不仅体现了生命的价值,也是生命至高至善的境界。生命美育是治愈当下人性弊病的一剂良药。用生命美育来引导儿童的发展,培养出求真、崇善、爱美的新一代,是生命美育研究的题中之义,也是我们在新形势下对极富生命美育意识的中华文化人文传统的继承和发扬。

---

① 《丰子恺文集·艺术卷四》,浙江文艺出版社、浙江教育出版社 1990 年版,第 15—16 页。

　　　　　　　　　　　　　　　　　　　美育与当代儿童发展

第三节　生命美育与当代儿童的自由发展

生命美育对儿童生命观念的培育和引导，并不局限于抽象的精神领域。儿童的生命意识最终要落实到现实生活中，通过儿童的健康人格和自由人性体现出来。生命美育对儿童发展的积极影响，全面辐射儿童的生活教育、人格培育、人性涵育等。在日常生活中，生命美育应着力积极引导儿童觉悟生命之趣，发现生命之美，培育审美化艺术化的美好人格，使儿童生机勃发，与机械、狭隘、功利的生存状态保持一定的张力距离。

一、生命美育与儿童的生活教育

人的生活过程，也即人的生命的诞生、生长、成熟、繁衍、衰老、死亡的具体过程，是人的生命的延续与更新的交替。人的生命不是简单地活着，捍卫生命的尊严，实现生命的价值，达到生命的自由，是人的生命的根本追求。人首先是活着，是生命的存在；然后才是如何活，即生命价值的实现。但生命价值的实现是一个长久递进的过程，它具体体现在人的现实生活过程中。

生命美育要求在生活实践中关注生命的主体，尊重生命主体在不同阶段生活实践中的具体特性。落实在儿童教育中，也就是要倡导一种以儿童生命为本位的生活教育，努力让儿童在生活实践活动中去体验生命的痛苦与欢乐、感悟生命的价值和意义，最终使其成为热爱生活、积极生活，有理性的生活观念的自由生命主体。生命美育通过直接作用于生命中的生活实践，而对生活教育发挥积极作用。

启发、强化儿童的生活主体意识是生命美育的重要追求。生命美育通过引导儿童对丰富多样的生活实践的积极探索，来启发儿童的生命主体意识。

生命美育在教育内容的选择上，侧重于从万物生命的活动性、平等性等出发培养儿童积极健康的生活态度。生机活跃的大自然是儿童生活教育的重要内容。如以低龄儿童为接受对象的很多儿歌,大多从小动物或者小花小草的生命现象出发,引导儿童去关爱生物,发现生趣,培养健康的生活态度,符合幼儿思维的特点和接受的水平。

如儿歌:

我们都是好孩子

小鸟自己飞,
小猫自己跑。
我们都是好孩子,
不要妈妈抱。

从小鸟的自己飞,小猫的自己跑,来教育幼儿应该独立行走,其逻辑前提就是幼儿的生命和小鸟、小猫的生命的平等性。通过这首儿歌的引导,幼儿所形成的应该不只是不怕苦、不怕累的独立意识,还有更为重要的生命的平等和谐意识。或者说,这首儿歌的核心,是通过美好生命现象的描绘来引导儿童的生活独立意识。

一个人

一个人
就像一棵小树
只要离开林子
就会变得孤独

一个人

就像一只小鸟
只有凑到一起
才会热热闹闹

一个人
就像一条小河
只有汇聚在大海里
才会拥有快乐

一个人
就像一棵小草
只有大家站在一起
才不会被狂风吹倒

这首儿歌以小树、小鸟、小河、小草的存在特点来比拟人的个体存在与集体力量。这首儿歌体现出了较为自觉博大的生命意识。

儿童和成人一样,也是生活的主体。对儿童的生活主体意识的培养,是对儿童生命价值的高度肯定。无论是家庭,还是学校,都有责任保护和发展儿童的生活主体性。其中,非常重要的就是要保护儿童的天性。这是因为儿童天生就生机盎然,在生活中是主动地求知、探索的。家庭和学校应该为儿童提供足够的展现他们天性的生活空间与生活氛围,让他们能真正享有儿童的生活。

儿童艺术研究证明,在儿童时期,人习惯于"万物一体"、"由己度人"的思维方式,这是一种非常宝贵的艺术性思维方式。这种纯真、审美的"童心",对儿童一生的生活,都有特别重要的意义和价值。明代思想家李贽倡导"童心说",认为"童心"就是人的"最初一念之本心"。他肯定"童心",反对传统礼义道德观念对儿童心灵的污染。未被进入社会后的"闻见之知"所污染的先天本心,对于儿童保持脱俗、纯净的心灵,保持对周围一切的好奇,保持对生活的热爱和在生活中进取的激情,确实是非常宝贵的。现代漫画家、散文家丰子恺也力扬"童心",将其视为最可宝贵的人性本真之一。丰子恺借"童心"来比喻非功利的、艺术性的心灵。儿童的天真可爱,是丰子恺漫画作品的重要主题之一。围绕着儿童的游戏、儿童的读书、儿童的困惑等,丰子恺创作了一大批生动的脍炙人口的优秀作品。

"瞻瞻底车"(丰子恺)

"阿宝两只脚,凳子四只脚"(丰子恺)

　　　　　　　　　　　　　　　　　　美育与当代儿童发展

呵护儿童的纯真天性,让儿童永葆生命的好奇求知、能动探索,不仅是儿童生命美育的重要内容,也是生活教育的应有之义。生命美育还需要通过文化的传承来启迪儿童的生活智慧和创造能力。生命美育既包括价值层面的启悟,也包括技能层面的培养。但生命美育的最终目的,是使儿童对生活技能的学习和获得,不再仅仅局限于生存,而能逐渐通达更高的生活智慧,从热爱生活、创造生活,到发现生命的价值、追寻生活的真谛。

二、生命美育与儿童的人格教育

"人格"一词源于拉丁语 persona,本指古罗马戏剧演出中演员所戴的角色面具,后引申为一个人在生活中所形成的本质性的、带有倾向性的、稳定的心理特征的总和。这也成为后来心理学中 personality 即"人格"一词的通常内涵。

有一个故事,说一个妈妈第一次将自己的三个孩子带到动物园。当他们站在狮子笼前时,一个孩子躲在他妈妈的背后,全身发抖地说:"我要回家。"第二个孩子站在原地,脸色苍白地用颤抖的声音说:"我一点都不怕。"第三个孩子目不转睛地盯着狮子,并问他妈妈:"我能不能向它吐口水?"故事中的三个孩子面对危险的不同反应,体现出他们胆怯或者勇敢的人格特征差异。

人格有健康的或病态的两大类型。在儿童人格发展上,我们责无旁贷应该推进健康人格的培养。健康人格与病态人格的划分,主要根据其是否符合生命的自信、活力、和谐、创造等积极性特征。如一位儿童自信、乐观,喜欢挑战,富于创造性,他就具有健康人格,因为他的人格特征与生命本来的积极性特征相一致。相反,一位儿童如缺乏自信,没有安全感,经常焦虑,与人相处好斗而不友好,即其人格特性更多地呈现出生命的消极性特征,他就可能存在人格障碍。概言之,凡是能较客观地认识自我、他人、自然以及彼此间的关系,能够正常驾驭学习、生活、工作中的大部分问题,拥有面对人生的阳光心态,就是拥有了健康人格,而这在根本上与其生命观念、生命意识的特征密切相关。

奥地利著名的心理学家阿尔弗雷德·阿德勒是二十世纪精神分析理论的重要代表人物之一。他除了对人的自卑情结及其超越进行的杰出研究之外,还对儿童健康人格的培养进行过深入探讨。阿德勒认为,童年期是人的人格结构形成的关键时期。他明确地把帮助儿童形成正常的、健康的人格看作儿童教育的首要的和核心的问题,并把儿童本人的主体因素看作儿童发展中的决定性因素,从而在理论上确立了儿童教育在其人格培养中的重要地位。阿德勒对儿童的独立、自信、勇敢、开放、合作等人格品质给予了高度肯定和关注。

对健康人格的培养来说,生命美育具有突出的促进作用。只有拥有了健康和谐的生命情感、理性进取的生命精神,才会进一步形成健康人格。很难想象,一个不尊重生命、没有生命尊严意识,不积极追求生命价值实现的人,会是在生活中有强烈的自尊,独立自信、开放合作、勇于创造的人。对生命的热爱和尊重,是一个人自尊、自信、开放、合作的基础;对实现生命价值的追求,是一个人勇于创造的前提。由此,生命美育在人格培养中的重要性突出显现了出来。

人格教育中美育的重要作用显而易见。我国现代美育之父蔡元培强调:"美育之目的,在陶冶活泼、敏锐之性灵,养成高尚纯洁之人格。"[①]美育可以培育人对美的生活环境的感知,可以培养人对美的艺术的欣赏,也可以鼓舞人去追求精神的升华与超越。长期的审美陶冶有利于人形成对世俗的超越性高洁人格,这非常有利于人在生活中的独立、自信,有利于人对实现自己的生命价值的坚持。

美育的人格陶冶功能,在艺术美的创作领域体现得最为明显。艺术史上,不可能有缺乏艺术个性的杰作。没有特立独行的独特人格,没有面对挫折的坚持,艺术家也不可能创造出杰出的作品。曹雪

---

① 《蔡元培教育文选》,人民教育出版社1980年版,第195页。

芹创作《红楼梦》时过着"绳床瓦灶"、"举家食粥酒常赊"的生活,但他在悼红轩中披阅十载,增删五次,坚持写作《红楼梦》。梵高一生创作了 1700 多幅画,生前只卖掉一幅,而今梵高的作品却成为艺术拍卖中屡屡拍出天价的惊世杰作。与曹雪芹、梵高有类似命运的艺术家在艺术史上有很多。对此,与其说是苦难的人生成就了伟大的艺术家,不妨说是对艺术的坚持成就了伟大艺术家的卓越人格,这种卓越人格最终成就了他们流芳百世的杰作。

生命美育作为美育的重要形式之一,是以对美的生命的感知、欣赏为中心的,这决定了它在人格培养方面的突出作用。生命美育所培养的人的根本性的生命倾向,是决定人格形成的基础性因素。在生命美育中,最核心的就是对生命的美与爱的教育。通过持续的生命美育陶冶,使儿童更充分自觉地感受生命的丰富形态和具体过程,重视生命的意义和价值,这对于儿童形成本质性的、稳定的倾向性心理特征,有着根本性的影响。

美国作家杰克·伦敦的《野性的呼唤》,体现了热爱、崇尚生命的自然,反对扭曲生命的本性的人文情怀。大法官米勒家的爱犬巴克,被佣工曼努埃尔偷卖给了狗贩,然后被转卖给了加拿大信使佩罗和弗朗索瓦,成了一只在冰天雪地中拉雪橇运送邮件的雪橇犬。从在米勒家过着贵族一样的生活,到被转卖,到在雪地中拉雪橇,巴克的生活一步步从文明开始转向原始。在作雪橇犬的过程中,在智慧、野心的作用下,巴克的野性在恢复和发展。它战胜并消灭了劲敌雪橇犬们的领头狗斯皮茨,取代了它的位置,并在野外的拉橇过程中不断地唤醒着自己的野性。"有时它想起阳光普照的圣克拉拉山谷里米勒大法官的大房子,想起那个水泥游泳池,墨西哥秃头狗伊莎贝尔和日本哈巴狗托茨;但更常想起那个穿红衣衫的男人,柯利之死,与斯皮茨的搏斗,以及它吃过的或将要吃的好东西。它并不想家。那片阳光充足的地方朦胧而遥远,这些记忆对它没有影响力。颇有影响力的是它对于自己遗传特征的回忆,这些回忆使它以前从未见过的东西变得似曾相识;还有那些本能(它们不过是它对祖先相应习惯的回忆),这些本能后来已消失,但近来又在它身上苏醒复活了。"①在体力达到极限,再无用处后,巴克这批雪橇犬被转卖掉了。来北方冒险的哈尔和查理斯成为它们的新主人。这两位完全不懂行的驾狗人,成了巴克们的噩梦,并断送了巴克同伴们的性命。善良的约翰·桑顿把拒绝听从哈尔命令的巴克从哈尔手里救了下来,这位理想的狗主人非常关心巴克,也赢得了巴克的真正忠诚。巴克的凶猛、聪明多次挽救了桑顿,在伴随桑顿及其朋友们在森林和山谷中寻找金矿的冒险中,巴克的野性完全复苏,成为狼一样的自然之子。后来,桑顿被印第安人杀害,巴克在为主人复仇后,成了森林、山谷中的"魔鬼"。"往日流浪的渴望在跃动,对着习俗的锁链怒号;野性从冬日的睡眠里,再次发出醒来的欢叫。"②小说开头的这首短诗,是《野性的呼唤》的点睛之笔。欣赏这部小说,必然会引发人对生命中自然与文明的关系的思考。反对虚假的文明对生命活力的约束,推崇自然、真诚的生命关系,成为积极的生命信念,也启发着那种真诚、自然、独立、自信的健康人格。

我们再来欣赏一下汪国真的诗歌《热爱生命》:

> 我不去想,
>
> 是否能够成功,
>
> 既然选择了远方,
>
> 便只顾风雨兼程。
>
> 我不去想,
>
> 能否赢得爱情,

---

① 杰克·伦敦:《野性的呼唤》,上海美术出版社 2011 年版,第 45 页。
② 杰克·伦敦:《野性的呼唤》,上海美术出版社 2011 年版,第 3 页。

既然衷情于玫瑰，
就勇敢地吐露真诚。

我不去想，
身后会不会袭来寒风冷雨，
既然目标是地平线，
留给世界的只能是背影。

我不去想，
未来是平坦还是泥泞，
只要热爱生命，
一切，都在意料中。

这首诗歌的主题非常明确，就是写因为对生命的热爱，而不惧成败，不惧风雨，不惧艰难险阻，努力奋斗！朴素的诗句，鲜明的节奏，明快的旋律，表达了因为热爱生命而努力进取奋斗的决心。这首诗必然会感染人们坚定自己的生命信念，努力上进，乐观进取。

生命美育不会抽象地只作用于人的生命信念，而会转化为具体鲜明的人格标识，给儿童的发展带来积极健康的动力。

三、生命美育与儿童的人性教育

人性教育着眼于人与非人的区别，其核心是人文精神的培育，其最终目标是受教育者人性的完善与提升。

人性教育不同于专业教育和职业教育，不以培养受教育者的专门知识和工作技能为目的，而是引导受教育者形成自觉的人文意识，走出野蛮、粗俗、自私，从而丰富受教育者的人文素养，提升受教育者的人性境界，使受教育者达到人性升华。

"人文"一词语出自《周易》。《周易·贲卦》说："《贲》'亨'，柔来而文刚,故亨;分刚上而文柔,故小利有攸往:天文也。文明以止,人文也。观乎天文以察时变;观乎人文以化成天下。"①"文明以止"原本是指构成贲卦卦象的离卦和艮卦。文明,离卦,代表火,喻附着、坚守;以止,艮卦,代表山,喻静止。"文明以止"合起来的贲卦卦象,除"刚柔交错"的意思外,还有"动静适时"之义。联系下文"观乎人文,以化成天下",可以看出,"人文"一词的本义有观察人民生活习俗的"动静适时"的变化来教化人民的含义。因此,"人文"的本义有胸怀天下、关心人民生活状况的意思。现在的人文精神、人文意识多指知识分子独立地思考生命意义、人生价值等关乎人的精神层面的问题,以进行社会批判,展开人道关怀。

以人文教育为中心的人性教育,与专业教育和职业教育有着本质性的区别。专业教育和职业教育关注的是个体的谋生能力;人性教育是群体性、社会性和人类性关怀。引导儿童体味生命的快乐和生命存在的意义,拥有宽广的胸怀和开阔的视野,并逐渐形成超越个体得失的人文胸怀,是人性教育的题中之义,也是生命美育的重要内容。

生命美育关注儿童生命的快乐。与当下儿童教育中人们过于重视知识教育不同,生命美育高度关注儿童在接受教育过程中的生命状态。儿童在学习过程中是不是快乐,在生命美育中是比知识的获取、技能的获得更为重要的内容。生命快乐是个性发展和人性自由的重要尺度。我国古谚有"成人不自在,自在不成人"的说法,这里的"不自在"主要是就人要有成就必须付出努力而说的,而不是说以压抑人的个性、束缚其自由为代价。就儿童发展来说,儿童的个性自由是其成长发展的出发点和根本目的。如果引导儿童发展的"教育"以摧残其个性、束缚其自由为手段,那么这种教育就根本无法实现使人成为"更理想的人"的教育宗旨,因为它在本质上是违反人性的,不可

---

① 陈戍国点校:《四书五经》上册,岳麓书社 2002 年版,第 160 页。

能是人文教育的内容。这种教育，不仅没有快乐可言，最终也只能培养出没有独立人格缺乏杰出创造力的"奴才"或"庸才"。龚自珍的散文名作《病梅馆记》，反对夭梅病梅以求钱，欣赏梅的自然自由成长，是一曲生命自由的赞歌。引导儿童欣赏这一散文佳作，自然能够鼓励儿童对生命自由的渴望，而这也是儿童人文教育的重要内容。只有自由成长的儿童，才会有对自己人格独立性的自觉捍卫，才会有飞扬的个性之美。

生命美育引导儿童关注生命的美。"爱美是人类的天性。"①审美是人性的标志。正如美育之父席勒所指出的："是什么现象宣告野蛮人进入人性的呢？不论我们对历史追溯到多么遥远，在摆脱了动物状态奴役生活的一切民族中，这种现象都是一样的：对外观的喜悦，对装饰和游戏的爱好。"②对生命之美的追求，是生命意识觉醒的重要标志。当然，生命教育还包括对人的衣食住行等最基本的生存权益的关心，这是生命存在的基础，也是生命追求迈向更高境界的前提；但生命教育并不停留于此，而是积极追求生命之美的展现。如贝多芬的 C 小调第五交响曲《命运交响曲》就是一曲生命之美的赞歌。向命运展开顽强的抗争，无论处于何等境地，都勇敢地试图扼住命运的咽喉，这种生命激情的展现展示了生命追求的精神之美。生命美育也正是种种生命美的精神的创造性展示。

生命美育引导儿童关注生命的爱。关爱生命是人性的基本品格。对同类生命的仁爱，对自然万物的关爱，是人性修养的基本内容。甚至在炮火连天的战争中，人类对于自己的敌人都会表现出一定的生命尊重。战争中要优待俘虏，要重视阵亡士兵的死后尊严等等，这些都是彰显人性高贵的重要内容。文艺作品中对生命之爱的深入发掘和表现，触动人心。像丰子恺的漫画就深深地洋溢着温馨

---

① 金雅主编：《中国现代美学名家文丛·梁启超卷》，浙江大学出版社 2009 年版，第 379 页。

② 《席勒散文选》，张玉能译，百花文艺出版社 1997 年版，第 263 页。

的生命之爱,对花鸟虫鱼、桌椅板凳、日月星辰的爱意。特别是他的《护生画集》,作为以佛教护生思想为主题的系列漫画作品,更是歌唱生命之爱的艺术范本。

"残废的美"《护生画集》(丰子恺画,弘一法师题)

　　　　　　　　　　　　　　　　　　　　　　美育与当代儿童发展

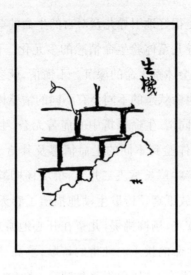

"生机"《护生画集》（丰子恺画，弘一法师题）

　　《残废的美》明确反对折花。弘一法师所题写的文字是"好花经摧折，曾无几日香。憔悴剩残姿，明朝弃道旁"，点明了折花的残忍。

　　《生机》赞美小草生命的顽强。弘一法师所题写的文字是"小草出墙腰，亦复饶佳致。我为勤灌溉，欣欣有生意"，点明了爱护生命的思想。

　　尊重自然生命、爱护自然生命是丰子恺、弘一法师作品的主旨。

欣赏《护生画集》能很好地引导儿童对自然生命的尊重与关怀。

　　生命美育引导儿童体验生命情感的多元化。喜怒哀乐,人之常情。不懂情,就不会体察生命的深沉。不懂情,就会使人成为机械无趣的存在。人因生命状态的不同会有不同的情感体验。生命的自由快乐,生命的仁爱同情,生命挫折中的痛苦无奈,生命奋斗中的坚持与期待,可以让人体验到不同的生命情感及其给予人的不同美感。高鼎的诗歌《村居》:"草长莺飞二月天,拂堤杨柳醉春烟。儿童散学归来早,忙趁东风放纸鸢。"诗歌生动地描绘了春天万物生机勃勃的美好景象。草长莺飞,杨柳拂堤,儿童在开心地游戏,这幅春天美景图生动地展示了生命的快乐。杜甫的诗歌《登高》则不同,它展现了生活、生命的悲苦无奈。"风急天高猿啸哀,渚清沙白鸟飞回。无边落木萧萧下,不尽长江滚滚来。万里悲秋常作客,百年多病独登台。艰难苦恨繁霜鬓,潦倒新停浊酒杯。"诗歌通过描写杜甫秋日登高所见秋江的萧飒景致,抒发了他老病潦倒之中的悲苦愤恨心情,写尽了人生、生命的悲哀、无奈。体验不同的生命情感,能够很好地丰富儿童的生命体验。儿童生命美育所要重点关注的,就是儿童生命情感的细腻、灵敏、丰富、自由等。儿童人性教育所要培养的人文情怀,是具有博大胸怀的"大慈悲",它需要很高的情感能力,这恰恰是生命美育所要达到的核心目标之一,即对各种生命存在有最高的生命同情,这与人性教育所追求的人文情怀是相一致的。

　　生命美育引导儿童尊重生命个性的差异化。每个生命都是一个整体,都是一个完整的世界。要求人人整齐划一,要求别人跟自己一样,是一种不现实的想法。学会欣赏他人,是融入集体、和谐相处的基础。生命教育要引导儿童对他人个性的宽容,对他人权利的尊重,由艺术美育而展开的儿童生命教育在这一方面具有特别突出的作用。因为,一方面每个艺术作品是拥有独特艺术个性的艺术创作者的独特创造,学习对不同艺术风格的作品的欣赏,意味着儿童审美胸怀的扩展;另一方面,艺术作品中有许多个性鲜明的人物形象,儿童文学作品也是如此。像《白雪公主与七个小矮人》中,白雪公主的漂亮单纯,王后的嫉妒狠毒,小矮人的善良勤劳;《木偶奇遇记》中,匹诺曹的聪明、善良、调皮;《彼得·潘》中,彼得·潘的热爱自由与冒险;《爱丽丝梦中奇遇记》中,爱丽丝的天真、乐观等。这些生动的形象,都能扩展儿童的心胸,让他们领悟人与人之间个性的差异。

四、生命美育与儿童的挫折教育

儿童人生阅历浅,生命阅历简单。尤其是今天的儿童往往一帆风顺,缺少挫折体验,缺少生命的坚韧坚持,这是今天儿童教育中的重要课题。儿童生命美育特别是儿童艺术教育,是提升儿童生命的坚韧度和力度的生动途径。

对儿童的过多呵护,使我国许多儿童缺少挫折教育。抗压能力差,不能正确面对挫折,是当代不少儿童的通病;他们在当今时代又面临着学习和生活中各种各样的巨大压力。两方面凑到一起,导致了一些比较严重的问题。新闻媒体中不时爆出儿童因为个性的脆弱而导致的种种悲剧。2015 年 12 月,深圳一位六年级的小学生因为早上不愿意上学被父亲批评了几句,他转身按电梯上了 20 楼,没过多久,一声巨响,孩子从 20 楼楼顶坠到一辆车的车顶。刚刚过去的 2016 年暑假,18 岁山东女孩宋玉玉在即将踏入大学校门的时候,因为被电话诈骗骗走了家里好不容易筹措来的入学学费 9900 元而伤心欲绝,竟至心脏骤停辞世。骗子固然可恨,但马上就要踏入大学校门的年轻人如果抗挫折能力强一些,也会避免一场生命的悲剧。

生命美育对于培养儿童坚忍不拔的意志,提升生命韧性,具有独特生动的作用。法国昆虫学家法布尔的《昆虫记》中有一篇《夏日音乐家》,主角是在地下生活四年、在阳光中只歌唱五周的蝉。"四年黑暗中的苦工,一个月阳光下的享乐,这就是蝉的生活。我们不应当讨厌它那喧嚣的歌声,因为它掘土四年,现在才能够穿起漂亮的衣服,长起可与飞鸟匹敌的翅膀,沐浴在温暖的阳光中。什么样的钹声能响亮到足以歌颂它那得来不易的刹那欢愉呢?"①有"昆虫界的荷马"之称的法布尔,文笔优美,蝉的生命中四年与五周的强大反差,会使儿童幼小的心灵受到强烈震撼,从而对生命的坚韧和期待,有真切的体会与同情。读了这篇文章,夏日让人讨厌的蝉的聒噪,在儿童的耳朵里,也许就变得动听了。

美国当代著名女作家海伦·凯勒的《假如给我三天光明》,展示了主人公生活在无声无光的世界中,却极度渴望光明的顽强生命意志。海伦学习文字拼写时的艰难,在黑暗与寂静中对光明的渴望,最终成为杰出女作家的生命历练,必然也会感染儿童纯洁的心灵,让儿童珍爱自己身体的每一个器官。"身为一个盲人,我想我有资格给那些视力健全的人一个忠告——这个忠告,是针对那些能够做到把'视觉的厚礼'物尽其用的人而说的:要像明天就要遭受失明之痛那样使用你的眼睛。当然,这种体验方式也适用于其他感官。要像明天就要失聪那样去聆听音乐的和弦,鸟儿的歌声,或者管弦乐队的激昂旋律。要像明天就要失去触觉一样触摸你想接触的每一件物品。要像明天就要失去嗅觉和味觉那样闻花香,品美味。要学会充分利用每一个感官:它们将世界上那多姿多彩的美与快乐展现在我们面前。正是借助于不同的感官,自然造化的神奇才得以彰显。但是我相信,在所有感官之中,能够带给人至高快乐的唯有视觉。"②

八大山人朱耷是我国明末清初的著名画家,他所画的"方白眼鱼"是其精神个性的形象写照。朱耷作为皇族后裔,在遭遇亡国败家之痛后,内心积聚了太多的痛苦与愤怒。在画鱼时,他通过大写意的形式,运用象征寓意的画法作画。先是主要用浓墨晕染,辅以简单几笔的勾勒,画出鱼的形体,再用皴擦技法,辅以自然的留白,完成对鱼整体形象的创作,创造了他著名的"方白眼"。形象简洁夸张的"方白

---

① 法布尔等著、龚勋改编:《蝉的故事》,华夏出版社 2013 年版,第 117 页。
② 海伦·凯勒等:《假如给我三天光明》,浙江文艺出版社 2008 年版,第 148—149 页。

眼鱼"，潜藏了作者多少的忧愤和孤傲。面对这些内涵丰富的画作，
可以给予当今太平盛世的儿童完全不同的生命体验。

朱耷《方白眼鱼》

　　我国当代著名油画家罗中立的代表作《父亲》则以高度的写实
笔法，描绘了西北大地上极为常见的一位饱经生活苦难的父亲的
形象。这位普通的父亲双手高高地端着破旧的白瓷碗，碗里盛着
半碗茶水——也许是刚刚喝完了一大口，他停下来稍事喘息；深陷
眼窝的细小眼睛，茫然地望向前方。画面的背景是明亮的黄色，老
父亲头上的白头巾，身上的白衣衫，与脸、手的古铜色和谐地交织
在一起。整幅画作给人以强烈视觉冲击的是，父亲那苍老的脸上
纵横交错的皱纹、干裂的嘴唇和迷茫的眼神。面对这样一位饱经
劳作艰辛的父亲形象，即使是少不更事的儿童，相信也会对生命的
坚韧与顽强感到震撼。

罗中立《父亲》

　　重视对儿童开展生命美育,关注儿童完善人性的养成,不断提升其生命境界,是有效引导当代儿童发展的重要途径与举措。

第五章
中西儿童美育资源与借鉴

　　无论是东方还是西方，在儿童教育问题上，都有重视美育的传统，可谓源远流长。我国自古就有极为丰富的美育思想，二十世纪初，随着蔡元培、王国维等引入西方现代"美育"观念，开始了学科意义上的美育理论建设。雷家骏、朱允宗、梁启超、丰子恺、陈鹤琴等，在中国现代儿童美育问题上，都引领风气，进行了开掘和思考。而西方儿童美育观念自觉较早，卢梭、杜威、罗恩菲尔德、加登纳等都有精彩的卓见，对我国儿童美育观念的现代转型产生了重要影响。今天，我们应该借鉴中西资源，汲其精华，推进对美育当下相关问题的认识深化和实践发展。

第一节　中国儿童美育思想与启示

二十世纪初,美育的学科概念从西方传入我国,开启了我国审美教育自觉建设的历程。由于当时特定的时代背景,中国现代美育家都以启蒙为己任,关注美育的新民意义和社会责任。这一时期的美育理论富有生气和活力,具有浓郁的人文情怀、社会使命感、人生责任感,对于当代儿童美育实践,有着重要启示。

一、梁启超的"趣味教育"说与"情感教育"说

梁启超是中国近现代历史上最具影响力的人物之一,也是中国现代美学重要的开拓者之一。他涉及美育的重要论著有《趣味教育与教育趣味》、《学问之趣味》、《美术与生活》、《中国韵文里头所表现的情感》等。梁启超是我国最早倡导"趣味教育"与"情感教育"的美学家之一,他的相关思想主要集中在二十世纪二十年代。

1. 梁启超的"趣味教育"说与儿童美育

梁启超把自己的人生态度概括为"趣味"二字。他说自己不管做什么事情,都是津津有味兴会淋漓,不仅在成功中感觉到趣味,就是在失败中也感觉到趣味,因为自己信仰的就是"趣味主义"。

梁启超说:"趣味是生活的原动力,趣味丧掉,生活便成了无意义。"[①]他又说:"凡一件事做下去不会生出和趣味相反的结果的,这件事便可以为趣味的主体。"[②]他举例说,凡是要瞒人的;拿别人的苦痛换自己的快乐的;快乐和烦恼相间相续的,像赌博、喝酒、做官等,都不能算真正的高尚的趣味。梁启超所说的趣味,实际上也就是对

---

① 金雅主编:《中国现代美学名家文丛·梁启超卷》,浙江大学出版社 2009 年版,第 18 页。

② 金雅主编:《中国现代美学名家文丛·梁启超卷》,浙江大学出版社 2009 年版,第 21 页。

高尚美好的精神生活的追求。他说自己："我每天除了睡觉外，没有一分钟一秒钟不是积极的活动。然而我绝不觉得疲倦，而且很少生病。因为我每天的活动有趣得很，精神上的快乐，补得过物质上的消耗而有余。"①

梁启超认为趣味有高雅的，也有低俗的，所以要陶冶趣味，进行趣味教育。他强调趣味教育要从儿童抓起。因为"人生在幼年青年期，趣味是最浓的，成天价乱碰乱进；若不引他到高等趣味的路上，他们便非流入下等趣味不可。没有受过教育的人，固然容易如此。教育教得不如法，学生在学校里头找不出趣味，然而他们的趣味是压不住的，自然会从校课以外乃至校课反对的方向去找他的下等趣味，结果，他们的趣味是不能贯彻的，整个变成没趣的人生完事。我们主张趣味教育的人，是要趁儿童或青年趣味正浓而方向未决定的时候，给他们一种可以终生受用的趣味"②。

梁启超列举并尖锐地批评了摧残趣味的教育方式："所以教育事业，从积极方面说，全在唤起趣味，从消极方面说，要十分注意不可以摧残趣味。摧残趣味有几条路。头一件是注射式的教育。教育把课本里头东西叫学生强记。好像嚼饭给小孩子吃，那饭已经是一点儿滋味没有了，还要叫他照样地嚼几口，仍旧吐出来看。那么，假令我是个小孩子，当然会认吃饭是一件苦不可言的事了。这种教育法，从前教八股完全是如此，现在学校里形式虽变，精神却还是大同小异，这样教下去，只怕永远教不出人才来。第二件是课目太多。为培养常识起见，学堂课目固然不能太少。为恢复疲劳起见，每日的课目固然不能不参错掉换。但这种理论，只能为程度的适用，若用得过分，毛病便会发生。趣味的性质，是越引越深。想引得深，总要时间和精

---

① 金雅主编：《中国现代美学名家文丛·梁启超卷》，浙江大学出版社 2009 年版，第 17 页。

② 金雅主编：《中国现代美学名家文丛·梁启超卷》，浙江大学出版社 2009 年版，第 18 页。

力比较的集中才可。若在一个时期内，同时做十来种的功课，走马看花，应接不暇，初时或者惹起多方面的趣味，结果任何方面的趣味都不能养成。那么，教育效率，可以等于零。为什么呢？因为受教育受了好些时，件件都是在大门口一望便了，完全和自己的生活不发生关系，这教育不是白费吗？第三件是拿教育的事项当手段。从前我们学八股，大家有句通行话说它是敲门砖，门敲开了自然把砖也抛却，再不会有人和那块砖头发生起恋爱来。我们若是拿学问当作敲门砖看待，断乎不能有深入而且持久的趣味。我们为什么学数学，因为数学有趣所以学数学；为什么学历史，因为历史有趣所以学历史；为什么学画画、学打球，因为画画有趣、打球有趣所以学画画、学打球。人生的状态，本来是如此，教育的最大效能，也只是如此。各人选择他趣味最浓的事项做职业，自然一切劳作，都是目的，不是手段，越劳作越发有趣。反过来，若是学法政用来作做官的手段，官做不成怎么样呢？学经济用来做发财的手段，财发不成怎么样呢？结果必至于把趣味完全送掉。所以教育家最要紧教学生知道是为学问而学问，为活动而活动。所有学问，所有活动，都是目的，不是手段。学生能领会得这个见解，他的趣味，自然终生不衰了。"[1]梁启超的警示在今天仍有很强的针对性。

梁启超身体力行，在对子女的教育中处处贯彻趣味的精神。他的家书生动地呈现了与子女们的"趣味"互动，和对子女的"趣味"引导，可谓妙趣横生，又鞭辟入里。如梁启超称幼子思礼（1924—2016）为"老白鼻"，"白鼻"是英文"baby"的译音。他常常写信给在国外的思顺、思永等"对岸一大群孩子们"，描述"老白鼻"的种种可爱有趣之事。他在 1927 年 1 月 2 日给孩子们的家书中写道："老白鼻一天一天越得人爱，非常聪明，又非常听话，每天总逗我笑几场。他读了十

---

① 金雅主编：《中国现代美学名家文丛·梁启超卷》，浙江大学出版社 2009 年版，第 18—19 页。

　　　　　　　　　　　　　　　　　　　美育与当代儿童发展

几首唐诗,天天教他的老郭念,刚才他来告诉我:'老郭真笨,我教他念"少小离家",他不会念,念成"乡音无改把猫摔"',(他一面说一面抱着小猫就把那猫摔下地,惹得哄堂大笑。)他念:'两人对酌山花开,一杯一杯又一杯,我醉欲眠君且去,明朝有意抱琴来。'总要我一个人和他对酌,念到第三句便躺下,念到第四句便去抱一部书当琴弹。诸如此类每天趣话多着哩。"① 次女思庄(1908—1986)中学时代就离开父母,远赴加拿大求学。梁启超称思庄为"小宝贝庄庄"。在思庄的专业选择上,梁启超希望她修读当时很先进的生物学。他在1927年8月29日给孩子们的家书中写道:"庄庄在极难升级的大学中居然升级了,从年龄上你们姐妹兄弟们比较,你算是最早一个大学二年级生,你想爹爹听着多么欢喜。你今年还是普通科大学生,明年便要选定专门了,你现在打算选择没有? 我想你们弟兄姐妹,到今还没有一个学自然科学,很是我们家里的憾事,不知道你性情到底近这方面不? 我很想你以生物学为主科,因为它是现代最进步的自然科学,而且为哲学社会学之主要基础,极有趣而不须粗重的工作,于女孩子极为合宜,学回后本国的生物随在可以采集试验,容易有新发明。截到今日止,中国女子还没有人学这门(男子也很少),你来做一个'先登者'不好吗? 还有一样,因为这门学问与一切人文科学有密切关系,你学成回来可以做爹爹一个大帮手,我将来许多著作,还要请你做顾问哩! 不好吗? 你自己若觉得性情相近,那么就选他,还选一两样和他有密切联络的学科以为辅。"② 但思庄自己喜欢图书馆学,梁启超最终还是支持她选择了自己喜欢的专业。思庄回国后,先后在北平图书馆、燕京大学图书馆工作。建国后,思庄担任北京大学图书馆副馆长,当选为中国图书馆学会副理事长。思庄擅长西文图书的分类编目,是公认的我国图书馆西文编目方面首屈一指的专家。正是从

---

① 《梁启超全集》第十册,北京出版社1999年版,第6244页。
② 《梁启超全集》第十册,北京出版社1999年版,第6274页。

根本上坚持趣味主义的教育准则,梁启超的 9 个子女,个个学有所成,一门出了 3 个院士——建筑学家梁思成、考古学家梁思永、火箭专家梁思礼。

今天,学校教育中应试教育的阴魂仍未散尽。种种功利主义的教学模式只会败坏学生的学习兴趣和学习的主动性。对于儿童来说,有趣是一切活动的前提。梁启超的趣味理论符合儿童的心理特点,他还详细界定了趣味的不同层次,要求在学习中实现趣味的不断提升,这些思想对我们今天开展儿童美育均有重要的启发。

2. 梁启超的"情感教育"说与儿童美育

梁启超本身就是一个充满情感的人,无论对国、对家、对朋友、对亲人,都展现了诚挚炽热的情怀。梁启超认为天下最神圣的莫过于情感,情感是"人类一切动作的原动力"[①],但情感需要陶养,需要用美的艺术来提升人的情感品质,使人成为富有美的情趣的"美术人"。

梁启超说:"理性是一件事,情感又是一件事,理性只能叫人知道某件事该做,某件事该怎样做法,却不能叫人去做事,能叫人去做事的,只有情感"[②];情感不全是善的、美的;而是美善恶丑并存,"情感的作用固然是神圣,但它的本质不能说它都是善的,都是美的;它也有很恶的一面,它也有很丑的方面。它是盲目的,到处乱碰乱迸,好起来好得可爱,坏起来也坏得可怕"[③]。因此,梁启超提出了"情感教育"的理论。他说:"所以古来大宗教家大教育家,都最注意情感的陶养,老实说,是把情感教育放在第一位。情感教育的目的,不外将情感善的美的方面尽量发挥,把那恶的丑的方面,渐渐压伏淘汰下去。

---

① 金雅主编:《中国现代美学名家文丛·梁启超卷》,浙江大学出版社 2009 年版,第 102 页。

② 《饮冰室合集》第 5 册,文集第三十八,中华书局 1979 年版,第 22 页。

③ 金雅主编:《中国现代美学名家文丛·梁启超卷》,浙江大学出版社 2009 年版,第 102 页。

这种工夫做得一分,便是人类一分的进步。"①

　　对于儿童言,感性思维在很长的时间内都是其主要的思维方式,越是年幼的儿童越是如此。在儿童的脑海中可能更多地会出现图像性、形象化的东西。这种形象感极强的思维方式是他们认知这个世界的重要方式。儿童会觉得看得见的东西才是存在的,抽象的符号指示以及符号运算能力基本上要到少年阶段才慢慢成熟起来。而儿童的天性又决定了他们的情感充沛而直接,因此儿童的感性思维多是充满感情,直接联系着意志活动指向行为的。所以,儿童的天性往往是活泼好动的。他们会对生活中的很多事物感兴趣,将感性思维直接地与行动联系在一起,在行动中表达或宣泄自己的情感。鉴于儿童天性的感性色彩,由情感教育入手来引导儿童发展,自然更有事半功倍的效果。

　　因此,梁启超的"情感教育"说虽非专门针对儿童教育,但他对情感力和理解力的比较,以及主张情感力优先的思想,是很契合儿童心理规律的。梁启超还指出艺术是情感教育的主要媒介。他说:"情感教育最大的利器,就是艺术:音乐、美术、文学这三件法宝,把'情感秘密'的钥匙都掌握住了。艺术的权威,是把那霎时间便过去的情感,捉住它令它随时可以再现;是把艺术家自己'个性'的情感,打进别人们的'情阈'里头,在若干期间内占领了'他心'的位置。"②在儿童美育中,我们应该高度重视艺术的作用,通过音乐、美术、舞蹈、文学等多样艺术形式,来培养儿童的艺术兴趣,陶冶提升其情感。

　　情感教育应该成为今天儿童成长教育的主线之一。

---

① 金雅主编:《中国现代美学名家文丛·梁启超卷》,浙江大学出版社 2009 年版,第102 页。

② 金雅主编:《中国现代美学名家文丛·梁启超卷》,浙江大学出版社 2009 年版,第102 页。

二、雷家骏的儿童艺术生活观

雷家骏生卒资料不详。但在二十世纪早期,他在儿童美育、艺术教育领域,进行了重要拓荒与探索。

二十世纪二十年代,雷家骏对儿童艺术教育,特别是美术和戏剧教育有过比较集中的研究,先后出版过《爱美生学画记》(1923年商务印书馆出版)、《敏儿演剧史》(1924年商务印书馆出版)等儿童艺术教育普及读物,并发表过有关儿童艺术教育研究的系列论文,如对小学美术教学方法的总结和对儿童艺术生活特点的概括等。这些著述都有一定的学术价值,特别是他的两本儿童艺术教育通俗读物,后来列入商务印书馆著名的"小学生文库"再版,在国内产生过比较大的影响。

雷家骏编著的《艺术教育学》(1925年商务印书馆出版),作为国内师范教育比较早的艺术教育学教材,有重要的价值。我国现代美学早期的著名学者吕澂评价说:"今人为美育说既歧出散漫,无汇而编之者颇不易供教学之资取。若雷君书固尝有志于是,而其文诚足以尽之,宜将为教学者之益矣。"①在"五四"新文化运动的影响下,雷家骏较早关注了儿童艺术教育,他还受到梁启超等的影响,将儿童美育与生活教育、人生教育等相结合,具有一定的特色和影响。

雷家骏认为"艺术教育简单的名称,又叫做'美育'",而他对艺术教育的认识,除了要求拿艺术"应用到教育上种种方面"和"教育的事业,完全加以艺术化",即主张"彻底的艺术教育"外,又在根本上要求人生的艺术化、审美化。在雷家骏看来,教育"最精的意义,就在诱导人生,使之向于精神发展向上之途径",而"艺术是情感的产物,是片面的或全体的人生时会所趋";因而他认为,"教育的基础,要建设在

---

① 雷家骏:《艺术教育学》,商务印书馆1925年版,第2页。

情感主义之上"。① 也就是说,教育与艺术应该在本质上统一起来,作为人生的美育活动而展开。雷家骏的艺术教育或者说美育观念,与梁启超后期的趣味主义美育思想是一致的,是我国现代美育理论中人生论美育思想的重要组成部分。

雷家骏一方面认为当时的时代应该重视艺术教育,关注人生的审美化追求。用他的话说,就是"'主智主义''唯理主义'已渐次衰弱,'主情主义'渐有起而代之之势了"②。他主张要重视艺术教育,从儿童的艺术教育入手是关键。这是因为"艺术有普遍性,在成人有艺术,在儿童亦有艺术,成人的艺术,是花与果,儿童的艺术,是根与叶,根叶不得适宜的培植,花果焉能得美满的成绩"? 而且成年人已经"习染很深","要想重新改造他的人生观,恐怕用力多而成功少"。因此,雷家骏得出了如下结论:"倘使要探讨人类潜伏着的艺术本能,寻觅艺术教育发展的途径,把艺术的人生,建设在稳固坚牢的基础之上,我以为从儿童教育着手,是问题的根本。"③

雷家骏认为儿童有欣赏和创造艺术的天性本能。儿童的艺术创造有绘画、雕刻、工艺美术、建筑、音乐、诗文、舞蹈和演剧八大类型,利用儿童的天性,采取相应的手段,以培育儿童的艺术生活非常重要。雷家骏的《爱美生学画记》和《敏儿演剧史》,虽是普及性的儿童艺术教育读物,但其中体现的就是发挥儿童的艺术天性,努力培养其艺术兴趣的人生论美育理念。前者通过小说的形式,虚构了爱美生在父亲逝世后到画家舅舅家生活、学习的情节,通过滑稽的文字,叙述美术学习的各方面知识,能够很好地激发儿童绘画的趣味。后者创造了富有舞台表演经验的敏儿这一少女形象,通过故事的形式,由敏儿来介绍自己从幼儿园开始直到小学五年级,不同时期的舞台表

---

① 雷家骏:《艺术教育学》,商务印书馆 1925 年版,第 5 页。
② 雷家骏:《艺术教育学》,商务印书馆 1925 年版,第 5—6 页。
③ 俞玉滋主编;张援副主编:《中国近现代美育论文选(1840—1949)》,上海教育出版社 1999 年版,第 150 页。

演经历,间接地介绍现代戏剧表演的综合知识,培养儿童话剧表演的兴趣。这两本著作体现出来的贴近儿童的生活经验,探索其艺术生活的规律,从而展开艺术教育的人生论美育理念,是极为重要的。

另外,雷家骏还认为,儿童在家庭、幼儿园、小学校三个不同的阶段,无论是环境方面还是教学中,父母和教师都应该充分注意儿童艺术教育。在他看来,对儿童艺术教育的重视,既可养成一般欣赏艺术的大众,也能造就专门的艺术人才,这无论对于个人还是社会,都是极为重要的。

三、朱允宗的小学校美育训练法

在我国现代美育研究中,美育的实施方法问题始终受到人们的高度关注。这既与我国文人自古以来不尚思辨而重实践所形成的治学传统有关,也与晚清以来战争频仍、社会动荡,人们迫切需要美学、美育研究能够立即发挥现实作用的社会背景有关。因此,当时从美育研究大家蔡元培到一般的美学研究者,人们对美育的实施方法问题都非常关注。二十世纪二十年代末,朱允宗所著的《小学校美育训练法》,就着重讨论了当时小学校儿童美育的具体训练方法问题。

朱允宗大概也受到了梁启超后期"趣味主义"美育思想的影响,在美育的本质上他同样关注审美与人生理想的密切联系,认为美育"可说是普通教育中,满足美的生活的一种教育"[1]。朱允宗认为:儿童美育的目的"并不是要个个儿童都养成艺术专家;乃是发展儿童美的欣赏和美的创作能力"[2]。这与梁启超的趣味主义美育理论认为美育的目的是培养能够享用美术的"美术人"有内在的相通之处。

朱允宗对儿童美育的价值认识较为充分。他首先强调美育陶冶

---

[1] 俞玉滋主编;张援副主编:《中国近现代美育论文选(1840—1949)》,上海教育出版社 1999 年版,第179 页。

[2] 俞玉滋主编;张援副主编:《中国近现代美育论文选(1840—1949)》,上海教育出版社 1999 年版,第179 页。

儿童性情的作用。"若要陶冶儿童的性情，厥惟美育。因为美育是使儿童的耳、目常常接触各项美术；和各项美术常常接触，他们就可以感到温柔善美的观念，虽是浮躁暴烈的脾气，也可以潜移默化，而为静雅温和的性情。"①朱允宗认为美育的媒介是艺术，美育的作用特点是感性的、潜移默化的，具体的作用是陶冶美好的性情。除了陶冶性情外，朱允宗认为美育还有使儿童思想活跃，有裨于认知，坚强儿童的意志，培养其道德的作用，这就从智育、情育和意育的辩证联系中实现了对美育功能的较全面的认识。

朱允宗从儿童的校园生活出发，对校园儿童美育的实施进行了具体分析。他首先强调了教师的教学艺术问题。听课学习是儿童校园生活的主要内容，因此教师的教学艺术是校园儿童美育的核心内容。朱允宗要求教师从诱发儿童的"兴味"出发来实施教学，还要尊重儿童的自由天性，"对于儿童作品，应该任儿童自出心裁，争奇斗巧；断不可拿自己的意思，或其他固定模型，去强迫他们做，戕贼他们的本能，消灭他们美的技艺"②。朱允宗所提出的意见，是较为科学的。其次，朱允宗强调了教师的管理艺术问题。儿童的校园生活是集体生活，如何培养儿童的纪律意识，使其很好地适应班级和学校活动，这是儿童校园教育的重要内容。朱允宗强调应注意儿童"偏重感情"的特点，因势利导，而不是简单粗暴的威权约束，这在校园儿童美育中极为重要。再次，朱允宗对课外活动的美育实施也给予了关注。朱允宗认为，在儿童校园美育中课外美育是课堂美育的重要补充。他说："小学校里，课内时间不多，又为种种规则所限制，儿童不能充分受美育的训练，最好提倡课外组织，越多越好。"③重视课外美育，

①　俞玉滋主编；张援副主编：《中国近现代美育论文选（1840—1949）》，上海教育出版社1999年版，第179页。

②　俞玉滋主编；张援副主编：《中国近现代美育论文选（1840—1949）》，上海教育出版社1999年版，第181页。

③　俞玉滋主编；张援副主编：《中国近现代美育论文选（1840—1949）》，上海教育出版社1999年版，第181页。

以各种途径加强对儿童审美与艺术天性的诱发鼓励,朱允宗的这一意见是非常具有远见的。最后,朱允宗要求校园环境的美化。朱允宗认为,让儿童在学校里耳目所及都是优美和谐的东西,对学校儿童美育是极为重要的。校舍应该明净,教室应当美化,校园应该"遍植花草树木,豢养鸟兽鱼虫"[1],努力让儿童随时随地沐浴在美的环境中。

朱允宗对校园儿童美育的实施,抓住了儿童校园生活的特点。这些看法,迄今都是值得总结研究的。

四、丰子恺的"童心"说与学堂艺术教育论

丰子恺是我国现代著名的漫画家、散文家、美术教育家、音乐教育家、翻译家,是一位有着多方面成就的文艺大师。

丰子恺极为喜爱儿童,对于儿童美育有不少有价值的观点和看法,值得我们研究借鉴。

1. 丰子恺的"童心说"与儿童美育

"童心说"是丰子恺思想的核心。丰子恺说:"人类之初,天生成是和平的、爱的。故小孩子天生成有艺术的态度的基础。小孩子长大起来,涉世渐深,现实渐渐暴露,儿时所见的美丽的世界渐渐破产,这是可悲哀的事。等到成人以后,或者为各种'欲'所迷,或者为'物质'的困难所压迫,久而久之,以前所见的幸福的世界就一变而为苦恼的世界,全无半点'爱'的面影了。"[2]他把成人的世界看作泯灭"童心"的所在。如何守护"童心"? 丰子恺把这一任务主要赋予了艺术教育。他说:"艺术教育就是教人这种做人的态度的,就是教人用像作画、看画的态度来对世界;换言之,就是教人绝缘的方法,就是教人

---

① 俞玉滋主编;张援副主编:《中国近现代美育论文选(1840—1949)》,上海教育出版社 1999 年版,第181页。

② 金雅主编:《中国现代美学名家文丛·丰子恺卷》,浙江大学出版社 2009 年版,第30 页。

学做小孩子。学做小孩子，就是培养小孩子的这点'童心'，使长大以后永不泯灭。"①

呵护"童心"，反对"儿童大人化"，是丰子恺一生努力的重要目标。他也受到了梁启超趣味思想的影响，认为"童心"和"趣味"之间有着内在的关联。"世间教育儿童的人，父母、先生，切不可斥儿童的痴呆，切不可盼望儿童的像大人，切不可把儿童大人化，宁可保留、培养他们的一点痴呆，直到成人以后。这痴呆就是童心。童心，在大人就是一种'趣味'。培养童心，就是涵养趣味。小孩子的生活，全是趣味本位的生活。"②"童心"是富于同情的审美态度的表现。恢复"童心"，就是坚持趣味本位的生命方式，从世俗功利的束缚中解放出来。

如何从儿童开始，就呵护好"童心"？丰子恺认为，"自七八岁至十三四岁的时期，是教育上最紧要的关头"，要特别重视这段时间内儿童的教育问题，父母、老师不要用成人的观念和行为方式去摧残"童心"。"然则所谓培养童心，应该用甚样的方法呢？总之，要处处离去因袭，不守传统，不顺环境，不照习惯，而培养其全新的、纯洁的'人'的心。对于世间事物，处处要教他用这个全新的纯洁的心来领受，或用这个全新的纯洁的心来批判选择而实行。认识千古的大迷的宇宙与人生的，便是这个心。得到人生的最高的法悦的，便是这个心。这是儿童本来具有的心，不必父母与先生教他。只要父母与先生不去摧残它而培养它，就够了。"③

丰子恺的"童心"实质就是艺术心，就是艺术化审美化的人格精神。所以在儿童艺术教育中，他最关注的并不是艺术创作技能的培养，而是从根本上保护涵育儿童的艺术心。他在早年师从李叔同先

① 金雅主编：《中国现代美学名家文丛·丰子恺卷》，浙江大学出版社 2009 年版，第 29 页。

② 金雅主编：《中国现代美学名家文丛·丰子恺卷》，浙江大学出版社 2009 年版，第 30 页。

③ 金雅主编：《中国现代美学名家文丛·丰子恺卷》，浙江大学出版社 2009 年版，第 30—31 页。

生时,就接受了李先生的"先器识后文艺"的艺术观念。后来,他又逐渐从道德人格提升到审美人格。在1940年写作的《艺术与艺术家》中,丰子恺说:"艺术以人格为先,技术为次。倘其人没有芬芳悱恻之怀,而具有人类的弱点(傲慢、浅薄、残忍等),则虽开过一千次个人作品展览会,也只是'形式的艺术家'。反之,其人向不作画,而具足艺术的心。便是'真艺术家'。故曰,无声之诗无一字,无形之画无一笔。"①

丰子恺的这些看法是很深刻的,在儿童美育中很值得我们深思。

2. 丰子恺的学堂艺术教育论

丰子恺要求培育儿童的"童心",强调审美、艺术"绝缘"的非功利性,一直强调保护儿童与世俗生活的距离,他最终追求的是儿童审美人生的创构,即丰子恺在儿童美育问题上通过强调儿童的艺术人格的培养,在本质上指向对艺术与人生相统一的艺术化人生的向往和追求。"艺术教育,就是教人以这艺术的生活的。"②从这种儿童美育本质观出发,丰子恺对学校的艺术教育形成了自己独到的见解。

丰子恺把学校的教师区分为教书匠和教育者两种。他认为,如果一位教师只关注知识传授,只重视儿童谋生技能的培养,而不关心教育学生怎么做人,那么他只是教书的匠人,不是真正的教育家。丰子恺认为,真正的教育家关注的是学生健全人格的培养,而不是狭隘的知识传授和专门实用人才的训练培养。他说:"普通教育是养成健全人格的教育,不是培植专门人才的教育。这是十分合理的教育宗旨,全无异议的。因此,普通教育中的各科,都以精神修养为主目的,而以技法传授为副目的。"③丰子恺的这一人格教育理念是极为深刻

---

① 《丰子恺文集·艺术卷四》,浙江文艺出版社浙江教育出版社1990年版,第403页。

② 金雅主编:《中国现代美学名家文丛·丰子恺卷》,浙江大学出版社2009年版,第44页。

③ 金雅主编:《中国现代美学名家文丛·丰子恺卷》,浙江大学出版社2009年版,第50页。

美育与当代儿童发展

的。当今学校教育功利化倾向非常突出,中小学教育关注学生的升学,大学关注学生的就业,恰恰忽视了最为根本的人格教育。丰子恺从人格教育理念出发,对他那个时代学校教育的功利化、教书匠式的教师都提出了深刻的批评。他说:"譬如国语科,主目的是锻炼学生的言语思想,使合于逻辑,并非仅求其能看报写信。看报写信只是自然随附而至的副产物。又如数学科,主目的是锻炼学生的理智头脑,使日渐精密,并非仅求其能算账买物。算账买物只是自然随附而至的副产物。不然,倘有国文先生以教学生看报写信为尽能事,数学先生以教学生算账买物为尽能事,这两人一定是最坏的先生,不容于现今中国的教育界。因为他们只求学科的直接的效果,而不求其间接的效果;只知技法传授,而不知精神修养,不合于普通教育的宗旨。所以这两人都只是教书匠,而不是教育者。"①

丰子恺对儿童学校教育的看法,与他对儿童艺术科的学校教育的看法是完全一致的。丰子恺批评儿童艺术教育中的教书匠,推崇真正的教育者,他要求艺术教师关注儿童艺术精神、审美人格的陶冶养成,而不只是艺术技能的培训。丰子恺的这一思想对我们当今校内外艺术教育的功利化倾向,都有重要的时代批判意义。因此,可以说,丰子恺从人格教育理念出发对他那个时代学校艺术教育弊病的批判,至今都未过时,值得关注。

在《三十年来艺术教育之回顾》一文中,丰子恺深刻反思了当时学校艺术科教学的落后。他说:"只有艺术科,图画和音乐,老不长进,一向是只求直接的效果而不求间接的效果;只知技法传授而不知精神修养。艺术科之所以生吞活剥,机械唐突地夹在各科中,而形成一种游离人生,无关教育的空套具文者,便是如此。"②以当时学校的

---

① 金雅主编:《中国现代美学名家文丛·丰子恺卷》,浙江大学出版社2009年版,第50—51页。

② 金雅主编:《中国现代美学名家文丛·丰子恺卷》,浙江大学出版社2009年版,第51页。

美术教学和音乐教学为例,丰子恺具体批评说:"图画科之主旨,原是要使学生赏识自然与艺术之美,应用其美以改善生活方式,感化其美而陶冶高尚的精神(主目的);并不是但求学生都能描画(副目的)而已。然而多数中小学的图画科,都只是追求其副目的而已。其中少数追求得到的,便算是艺术科成绩特殊优良的了。……音乐科之主旨,原是要使学生赏识声音之美,应用其美以增加生活的趣味,感化其美而长养和爱的精神(主目的);并不是但求学生都能唱歌(副目的)而已。然而多数中小学的音乐科,大都只追求副目的而已。而副目的也多数不能完全求得。"[①]丰子恺要求学校的艺术教育要以养成儿童的审美精神、审美人格为根本目的,以使其艺术学习与生活统一起来,使其人生艺术化、审美化为最终目的。丰子恺的这一学校艺术教育思想迄今都不失其启发意义。

作为现代艺术大师,丰子恺也是清楚技术训练对于艺术的意义的,他也完全清楚艺术人格陶冶的复杂性。他说:"圆满的人格好比一个鼎,'真、善、美'好比鼎的三足。缺了一足,鼎就站不住,而三者之中,相互的关系又如下:'真'、'善'为'美'的基础。'美'是'真'、'善'的完成。"[②]美是由真、善的共同作用才形成的,只有真、善和美的"三足鼎立",才形成真正艺术家的人格"大鼎"。当然,丰子恺还是主张艺术精神、艺术人格在艺术教育中相比艺术技术的学习和训练要更为根本和重要。丰子恺强调儿童美育中重视儿童艺术精神的养成、艺术人格的陶冶的观点,对于今天积极开展儿童美育,以促进儿童健康发展,仍有其深刻性。

---

① 金雅主编:《中国现代美学名家文丛·丰子恺卷》,浙江大学出版社 2009 年版,第51—52 页。

② 《丰子恺文集·艺术卷四》,浙江文艺出版社、浙江教育出版社 1990 年版,第401 页。

美育与当代儿童发展

五、陈鹤琴的儿童美育论

陈鹤琴曾在杭州惠兰中学堂接受新式教育,后赴美留学,在文学、教育等领域打下了深厚的基础。1919 年,陈鹤琴回国从事师范教育工作,从此在师范教育和儿童教育领域辛勤耕耘了一生,是我国现代儿童心理学和幼儿教育学的创始人,被誉为"幼儿教育之父"、"儿童教育的圣人"等。

1. 陈鹤琴的儿童绘画教学实验

陈鹤琴是我国现代儿童教育的先行者之一。1923 年,他在自家客厅内创办了我国第一个幼教实验中心——鼓楼幼稚园,开启了中国现代学前教育实验的先河。

陈鹤琴曾在鼓楼幼稚园进行了长达四年的图画教学追踪实验。他认为,儿童是生来喜欢画画的。图画不但能使儿童快乐,并且可以表意。颜色、数目、浅近的事物等,都可以从图画中学得。通过对儿童的图画教学,既可丰富他的知识,也可怡养他的性情,使他养成良好的消遣习惯。

怎样激起儿童图画的兴趣? 幼稚生的图画具体应该怎么教? 对此,陈鹤琴进行了仔细的观察和实验。他认为,儿童生来有一种模仿心,看到别人画图他也要画画看,老师应该充分利用这种模仿心,采取暗示的方法,引起儿童的创作欲。同时,教师还可以利用儿童好奇的心理特点,借助新异的事物、好听的故事等,引导幼稚生去自由作画。那么儿童有了画图的兴趣后,教师是否应该运用一定的教学法来指导呢? 陈鹤琴认为,就图画是儿童的重要表意工具言,教师应首先尊重儿童,相信他们是要自己画的,不该用各种范围去限制他的思想自由,限制其想象力的自由发挥。但是,如果一味地任由小孩子自己乱画也是画不好的,教师对他们的画画必须进行随机而适时的示范和校正。为保持儿童浓厚的画图兴趣,还要时时尊重儿童的好动心和自动心,在图画教学中让他们自己着色、剪贴、涂鸦、填图、塑图等,来增强教学的吸引力。

陈鹤琴倡导图画教学应与其他学科协同进行。他认为,凡是教学中不同课程能协作教学时,教学效果会特别好。比如教师如果在讲故事时同时教图画,那么一方面能够使儿童更清楚地理解故事,一方面故事也能诱导儿童的绘画动机。他反对学科划分过细,主张以艺术教学为中心而联结多学科的综合教学模式。后来,陈鹤琴在此基础上形成了打通不同课程的整个教学法,以游戏为基础的课程打通,实际上就形成了多学科结合的艺术性综合教学模式。

陈鹤琴在多年研究的基础上,总结出儿童图画发展的部分规律及其教学特点。如"儿童初步之字画为自左上方右行而渐卷入内心","儿童所画的,最初必为外形","儿童只能画平面画","儿童初为记忆画,就其从前所有经验而画"等。[①]

陈鹤琴的这些研究成果契合了"五四"新文化运动的科学思潮,力求儿童美育的科学化发展,为科学性的图画教学进行了开拓性的探索。同时,他的方法契合儿童的心理特性和美育的基本规律,具有很强的实践性,教学效果比较理想,值得我们研究总结。

2. 陈鹤琴的"游戏"儿童美育观

在鼓楼幼儿园的教育实验研究中,陈鹤琴敏锐地发现了游戏对儿童教育和发展的重要作用。经过具体的实验探索、研究总结,他形成了当时较为新颖的儿童美育观点——"游戏"儿童美育观。

陈鹤琴认为游戏的直接作用可能只是契合了儿童的好动天性,自由自在、乐在其中的活动给他们带来了快乐,但游戏间接地对儿童生活有莫大的益处——其中比较根本性的是:游戏活动能够发展儿童的个性,造就良好的社会公民。他强调,儿童游戏的价值主要有以

---

① 张凤琴:《世界著名教育思想家·陈鹤琴》,北京师范大学出版社 2012 年版,第135—137 页。

下几个方面：

首先是有利于儿童的身体发育。游戏活动无论是偏重于精神活动的智力游戏，还是偏重于身体活动的体育游戏，还是身心平衡的表演性游戏等，无论哪一种都需要游戏者的精神相对专注，精力的大量投入、消耗。因此，游戏能够活动儿童的身体，促进他们的消化，加速他们的血液循环，增加他们的肺呼吸，这对儿童的身体发育有积极的作用。

其次是有利于道德品质的培养。各种高尚的道德品质如克己、诚实、独立、团队合作、遵守规则、公平正直、勇于牺牲等美德都能在游戏活动中，通过儿童认真地遵守游戏规则、积极的同伴合作和努力竞争等而逐渐养成。而且游戏活动的自由性，能使各种道德品质更为纯粹、牢固地在儿童心灵中扎下根来。

再次是促进儿童各方面精神能力的发展。诸如观察力、想象力、判断力、直觉力、创作欲望、冒险精神等都能在游戏活动中自然地得到发展和提升。游戏活动需要儿童全身心的投入，特别是富于身心挑战性的游戏活动，需要儿童的感知、思维、想象和情感等各种精神能力高度活跃起来，互相配合以完成游戏任务，从而它能够使儿童各方面的精神能力得到有效的锻炼，这对儿童精神能力的发展具有重要的促进作用。

最后是帮助儿童放松休息。儿童在游戏的时候，他对游戏的内容非常专注，神经是兴奋的，但游戏的快乐使其身心总体上处于放松的状态，所以游戏只要不过度，就能很好地帮助儿童减轻精神压力和消除负面情绪，从而使其得到放松休息。而且游戏中，大量精力的消耗对儿童随后的身心放松也是大有裨益的。

陈鹤琴强调儿童的活动就是游戏，儿童教育必须注意发挥游戏的作用。他对儿童游戏的高度重视，使他对中国旧式教育中普遍存在的忽视成人与儿童的差别，扼杀儿童的游戏天性，轻视儿童游戏的现象给予了批判："常人对于儿童的观念之误谬，以为儿童与成人一样的,儿童的各种本性本能都同成人一色的,所分别的,就是儿童的身体比较成人的小些罢了,我们为什么叫儿童穿起长衫来? 为什么称儿童叫小人? 为什么不准他游戏? 为什么迫他一举一动要像我们成人一样? 这岂不是明明证实我们以为儿童同成人一样的观念?"[1]陈鹤琴认为,儿童与成人在社会生活中的严肃认真不同,他们是以游戏为生命的,成人应当尊重儿童的游戏天性,依儿童的年龄给予各种游戏玩具,使其有适宜的游戏。不仅如此,陈鹤琴还要求父母和教师都应成为儿童游戏的伙伴。父母应经常和孩子一块儿做游戏,既可以加深亲子之间的感情,也便于了解他们的性情、习惯和能力。教师成为儿童的朋友,亲近儿童,与儿童一起玩耍,也能帮助教师更好地了解每个儿童的性情、能力,便于教学、指导。

陈鹤琴对游戏的重视,在实质上是对儿童天性的重视,对儿童生命的尊重。他后来提出了非常著名的"活教育"理论17条教学原则,其中前两个基本的原则都与对儿童的尊重有关。"一凡是儿童自己能做的,放手让其自己做;二凡是孩子能自己想的,让其自己思考。"[2]家长放手,在孩子的能力范围之内,让他们自己做、自己想,这与他的"游戏性教育观"中对儿童的尊重是一致的。

陈鹤琴认为游戏中包含着各种各样的艺术类活动。他借鉴了西方的游戏分类方法,把图画、积木、折纸等艺术、手工类活动都看作游戏活动,如"画图"、"看图书"、"剪纸"、"剪图"、"着色"、"串珠子"、"锤击"、"浇花"、"塑泥"、"玩沙"等。因此,在陈鹤琴的游戏概念中,艺术活动是其重要的构成部分,他的游戏性教育理念包含着丰富的美育内容,在事实上形成了"游戏"的美育观念。

3. 陈鹤琴"生活艺术化"的儿童艺术教育理想

在儿童艺术教育问题上,陈鹤琴的最高理想是儿童生活的艺

---

[1] 陈秀云、陈一飞编:《陈鹤琴文集》,江苏教育出版社2007年版,第2页。

[2] 北京市教育科学研究所编:《陈鹤琴全集》第5卷,江苏教育出版社1991年版,第74页。

术化。

　　陈鹤琴认为儿童艺术教育的目的不是培养艺术家,而是使儿童通过艺术学习,养成艺术兴趣,培养良好的艺术趣味,从而丰富、美化自己的日常生活。艺术教育包括艺术的形式技能方面的教学训练和艺术人格的陶冶两方面,相对于儿童能否拥有艺术形式上的创造技能,更重要的是儿童能否养成艺术的人格,使其在生活中追求艺术化、审美化。如对音乐教育中的声乐教育,陈鹤琴认为,它一方面是身体发音器官运动的歌唱技术,一方面是从内心而发的音乐精神的活动——想唱、要唱;而前者即歌唱的技巧和技术,在陈鹤琴看来不是最重要的,后者"从内心而歌的精神活动才是第一要义"①。音乐教学的最终目的,是让儿童的性情通过音乐的熏陶达到"至精至纯的陶冶,以至于引导儿童以快乐的精神来创造自己的生活"②。音乐教学要通过家庭教育、学校教育、社会教育的协作配合以使"儿童的整个生活,达于音乐的境界"③。

　　陈鹤琴认为艺术教学应以孩子的生活为中心来组织。他提出了著名的"活教育"理论,要求打破学校围墙,让学校的课程教学"到大自然、大社会中寻找活教材",努力打通学校教育和儿童生活的关系。在陈鹤琴看来,儿童的日常生活中原本就充满了各种艺术因素,艺术几乎就"是儿童生活中的灵魂"④。因此,艺术教学的教材和内容完全可以从儿童的生活经验出发,尽量贴近儿童的生活。这样既能就地取材、因地制宜地开展教学,又有利于儿童的学习接受,教学教育

　　① 北京市教育科学研究所编:《陈鹤琴教育文集》,下卷,北京出版社 1983 年版,第400 页。
　　② 北京市教育科学研究所编:《陈鹤琴全集》,第 4 卷,江苏教育出版社 1990 版,第457 页。
　　③ 北京市教育科学研究所编:《陈鹤琴教育文集》,下卷,北京出版社 1983 年版,第401 页。
　　④ 北京市教育科学研究所编:《陈鹤琴教育文集》,下卷,北京出版社 1983 年版,第399 页。

的效果才能良好。

　　陈鹤琴的儿童生活艺术化教育理想，与梁启超、丰子恺等人的学说相呼应，体现了我国现代审美教育探索中的人文情怀和人生论美育走向。

第二节　国外儿童美育思想与启示

西方现当代儿童美育思想与理念，是在对工业文明和科技文明的反思中发展起来的，也受到了启蒙主义、实用主义、人文主义等种种哲学思潮的影响，相较我国，起步更早，也更具理论上的系统性，可供我们借鉴。

一、卢梭与儿童美育

卢梭是法国大革命的思想先驱和启蒙运动的代表人物之一，启蒙思想家、哲学家、教育家、文学家。主要著作有《论人类不平等的起源和基础》、《社会契约论》、《爱弥儿》、《忏悔录》、《新爱洛漪丝》等。其中，《爱弥儿》是其重要的美育著作。卢梭通过爱弥儿的形象，表达了自己反权威、反封建的儿童教育理想，在当时被列为禁书。

1. 卢梭儿童美育思想的核心内涵

纵观卢梭的《爱弥儿》，其核心观点是要通过合理的教育，使儿童在自然的环境中逐渐成长为一个"自然人"。这种"自然人"要摆脱封建势力的压迫与束缚，同时也要解除自己的精神桎梏。

"回归自然"是卢梭儿童美育思想的核心理念。卢梭认为，人生来天性自由，但一把"人"的教育放归到"人"的手里，则就"全坏掉"了。所以要让人保持天性，不应被社会束缚，那就要"回归自然"。"回归自然"就是要解放天性，顺应儿童的自然生理、心理需求，使其健康快乐地成长，最终成为一个积极、向上、乐观且具有完美人格的健全人。

卢梭认为自然美是一切美的源泉。他说："我时时刻刻都要尽量地接近自然，以便使大自然赋予我的感官感到舒适，因为我深深相信，它的快乐和我的快乐相结合，我的快乐便愈真实。我选择摹仿的对象时，我始终要以它为模特；在我的爱好中，我首先要偏爱它；在审美的时候,我一定要征求它的意见。"①卢梭在这里提到自己"审美"时要征求自然的意见,显然他在这里把自然美上升到很高的地位,他把衡量美的准则定位到了自然上,使得自然成为一个尺度和标准。卢梭认为自然的山水景物对儿童有着最本真的吸引力,这与他们的心灵本性相契合,应该让儿童真正地融入自然中,让孩子的纯真得以保持,并使孩子的创造力、想象力、鉴赏力在与自然的交融中不断提高。

2. 卢梭儿童美育思想的实施准则

首先,是直观体验原则。在"回归自然"的大前提下,卢梭提倡直观体验自然。他认为要让儿童通过自己的肢体、感官去直接地感知这个世界,通过感知世界而体认自己,最终领悟自然的美,从而使自己升华。卢梭之所以重视儿童去直观感知世界是因为直观感知世界能让儿童的感受力更加敏感,从而不断刺激创造力、鉴赏力等维度的提高。卢梭说:"由于人的一切都是通过人的感官而进入人的头脑的,所以人的最初理解是一种感性理解,正是有了这种感性的理解做基础,理智的理解才得以形成。所以说,我们最初的哲学老师是我们的脚、我们的手和我们的眼睛。"②儿童处于整个人生的最初时期,他们此时的感性认知能力更为突出,所以在这一时段,极大地丰富他们的感官世界,有助于其内在感知力的提升。以直观感受来触发内心,不失为卢梭儿童美育思想中的一个要义。

其次,是培养兴趣原则。卢梭认为:"问题不在于教他各种学问,而在于培养他有爱好学问的兴趣,而且在这种兴趣充分增长起来的时候,教他以研究学问的方法。"③卢梭在这里,提到了一个过渡环节,那就是兴趣。让儿童通过兴趣的培养,而逐渐掌握学习知识的方法。通过兴趣的培养而领悟事物的趣味,这种乐趣之心可成为我们

---

① 卢梭:《爱弥儿》,下卷,李平沤译,商务印书馆1978年版,第509页。

② 卢梭:《爱弥儿》,上卷,李平沤译,商务印书馆1978年版,第149页。

③ 卢梭:《爱弥儿》,上卷,李平沤译,商务印书馆1978年版,第223页。

人自身向上、进步的动力点。通过兴趣、趣味的培养,儿童发自内心地感受到学习的快乐。

最后,是遵循天性原则。它与卢梭的"回归自然"原则一脉相承。卢梭在《爱弥儿》中强调,要把儿童区别于成人对待,要尊重和保护儿童的天性,不能揠苗助长。如果过分强求儿童的成长,不重视他们的年龄特点,那将使儿童的生长变得畸形与扭曲。卢梭指出:"在万物中人类有人类的地位,在人生中儿童有儿童的地位,所以必须把人当做人来看待,把儿童当做儿童来看待。"[①]儿童时期,孩子们有着属于自己的本色纯真,这是值得我们珍视和保护的,过早地打破他们内心的纯真,是不适当的。孩子就要有个孩子样,不要让孩子过早成为"小大人"。

3. 卢梭所提倡的儿童美育方法

儿童美育的具体方法多种多样,最主要的手段还是通过音乐、美术、文学等艺术样式来陶冶。这也是卢梭在《爱弥儿》中的重要主张。

首先,卢梭主张通过美术学习来对儿童进行美育。他说:"我希望他照着房子画房子,照着树木画树木,照着人画人,以便养成习惯,仔细观察物体和它们的外形,而不至于老是拿着那些死板板的临摹的绘画当作真实的东西来画。"[②]卢梭反对儿童按照已有的画作去描摹,希望他们按照自然的本来样子去习作。因为他一方面认为这种已经画好的作品是死板的,不如自然事物的本真状态真实;另一方面,他认为儿童按照自己的想法把自然的景物画出来,这是顺应其自然天性的一种表现。让儿童从自身的角度去认知真实生动的自然世界,而不是强行让儿童摹仿、接受成人的认知结论,卢梭的这一美术教育理念与他推崇自然的儿童教育理念是完全一致的。

其次,卢梭也研讨了用音乐来对儿童进行美育的方法。他认为

---

① 卢梭:《爱弥儿》,上卷,李平沤译,商务印书馆 1978 年版,第 74 页。
② 卢梭:《爱弥儿》,上卷,李平沤译,商务印书馆 1978 年版,第 179 页。

儿童在学习音乐时要多加感知,并不要求他们把音高、音准、旋律掌握到位,重要的是他们能感知到音乐,能体会到音乐与心灵的契合点。另一方面,卢梭认为要给予儿童适合他们的音乐,即歌词要符合儿童的认知水平与年龄特征。要把那些易于儿童接受的歌词放置到旋律中,摒弃那些不适合儿童接受的词调。他希望给孩子们的歌词,能像孩子的思想那样单纯简单。卢梭还主张:"不是为这门艺术而学这门艺术,而是在于使他的观察正确和手指灵巧,一般地说,他懂不懂得怎样进行这样或那样的联系,关系是不大的,只要能够做到心灵眼快。"①可见,卢梭对艺术技能培养对于心灵的深层作用是有一定思考的。

此外,卢梭也主张通过游戏和劳动来对儿童进行美育。卢梭认为在游戏和劳动中,儿童不仅锻炼了肢体,也能全面得到身心的愉悦、放松、畅快。在不知不觉中,儿童的感知觉和其他能力都能大大增强。

纵观卢梭的美育方法,基本上与他所提倡的"回归自然"这一儿童美育原则是相契合的。通过美育来解放儿童天性,让儿童的内在心灵得到释放,不断提升他们的感悟力、鉴赏力,使他们能更好地感知自然、感知生活、感知情感,是卢梭儿童美育思想的基本主张。

4. 卢梭儿童美育思想的启示

对于卢梭的儿童美育思想,我们需要科学分析,辩证吸收。

卢梭一方面认为"按年龄进行培养的孩子是孤独的",但他又机械地将儿童美育分割成了四个阶段,认为在儿童期的儿童"没有判断感情的能力",因此不能实行理性教育,这是不科学的。在儿童教育中,德、智、体、美、劳,这五大教育目标应该同时推进,但应根据儿童发展的不同阶段给予相应侧重,不可随意忽略其中的任何维度。在这一点上,卢梭的认识是有局限的,这也启示我们当今的美育工作者

---

① 卢梭:《爱弥儿》,上卷,李平沤译,商务印书馆1978年版,第179页。

和家长要注重孩子的全面发展,要让儿童在德智体美劳各方面都得到协调发展。

卢梭提倡回归自然与解放天性,即按儿童的天性来教育。但我们也要看到,若让儿童完全放任自流而无约束规矩,也可能使儿童发展走上歧途。我们既要遵循儿童的天性,但是也要以适当的规矩来引导约束,要把握好这个平衡点。

卢梭倡导回归自然,体味自然之美。但在儿童生活中,也有人情美、道德美等社会美,在让儿童充分感受自然美的同时,也要引导儿童体悟人情世态的丰富多样。感知自然可让儿童感官敏锐,感悟人情同样会丰富孩子的心灵。而卢梭是比较排斥社会这一维度的,他对文明社会的批判未免片面,需要我们辩证地来看待。

随着科技理性的高速发展,人与自然的关系日益紧张。卢梭"回归自然"的儿童美育思想不失为一个有效的美育路径。相信在与自然的互动中,今天的儿童也会获益良多。

二、裴斯泰洛奇与儿童美育

裴斯泰洛奇是十八世纪至十九世纪瑞士具有世界性影响的教育家之一。

裴斯泰洛奇深受卢梭反对现代文明、崇尚自然的思想的影响,在教育上同样提倡儿童的自然发展。裴斯泰洛奇认为,人作为认知主体,其认知能力的发展是自然的过程,教育活动在本质上不应是人为的强制干预,而应该是运用教育"艺术",自然地引导儿童天性的发展。裴斯泰洛奇赞同卢梭的看法,认为艺术教育并不是为"艺术",传统的美术教育聘请专门的美术教师教导儿童临摹人工复制品的做法是错误的,儿童应该"师法自然"——直面自然事物进行观察认识而创作。

但是,裴斯泰洛奇又认为艺术活动是一种认知活动。人的认知能力的发展有其客观的发展规律,是从模糊不清、混乱的感知到清晰的感知，进而发展到简洁明确的概念认知。因此，裴斯泰洛奇在美育方法问题上又提出了与卢梭有很大不同的，重视人工测量的中介作用的主张。裴斯泰洛奇认为，人是通过听闻声音（包括言语和歌声）、辨认形式（包括测量和制图）、认识数字三种不同的途径进行知识学习的。而在这三种学习领域中，测量对感知觉从模糊混乱到清晰简洁，都起着关键的促进作用。而声音中的测量，最为典型的就是音乐中的节奏，形式的测量则将人引入了对几何形体和图画的学习。这样，在艺术教育的方法问题上，裴斯泰洛奇就走向了对音乐、美术等艺术的形式构成要素的高度关注。裴斯泰洛奇努力探寻儿童认知能力发展的规律、法则，形成了他最为著名的要素教育论。

当然，裴斯泰洛奇把艺术视为人的感知认识活动，还没有达到对艺术本质和艺术特性的深度把握，他的美学观点更多地停留在"美学之父"鲍姆加敦的思想水平上。裴斯泰洛奇的年龄虽然比康德小20多岁，但他的儿童美育以及整个教育思想的哲学基础主要还是法国启蒙主义思想，而不是以康德为代表之一的德国古典哲学。所以，他的儿童美育思想主要还是体现着法国启蒙主义哲学的理性色彩。他有关艺术教育方法的儿童美育要素论，因为契合了上升时期的资本主义经济——大工业生产的发展对艺术设计的需要，而产生了广泛的影响。

三、席勒与儿童美育

席勒与康德、黑格尔并称德国古典美学三大家，是公认的"美育之父"，他的代表作《审美教育书简》奠定了现代美育理论的基础。

席勒的美育研究主要探讨审美的普遍意义，并非专门探讨儿童美育，但其中包含了丰富的儿童美育内涵。如席勒认为审美是引导儿童成长的重要因素。他说："美是我们童年时代的保护者，而且必定引导我们从粗野的自然状态达到良好的教养。"[①]这一说法与席勒

---

① 席勒：《席勒散文选》，张玉能译，百花文艺出版社1997年版，第101页。

对美育的一般功能的看法——审美是人类走出原始、野蛮的自然状态而形成人性的标志——是完全一致的。在谈到人类美感的产生时,席勒把人类早期初步形成的美感意识与儿童的美感放在一起进行探讨。他说:"实际上,在小孩和野蛮民族那里就有对装饰和服装的爱好,就看得到某种超出功利界限以外的东西;但是,这种爱好是纯粹物质上的:色调的华丽招人喜欢,虚荣想显得与众不同,富足想摆一摆架子。"①

具体看,席勒美育思想中与儿童美育有密切联系的主要有以下几点,值得高度关注。

首先,席勒认为审美能统一人身上的感性冲动和形式冲动,形成完整、和谐的人性,这就非常关键地指出了审美能引导儿童成长的重要功能。所谓感性冲动,是指人在生活中,为物质对象所决定的被动倾向,当人身上的感性冲动处于支配地位时,它就是尚处于自然状态不能拥有自由人格的自然人。所谓形式冲动,是指人作为拥有自由人格的主体,把客体对象作为形象,纳入自己的理性本性进行统一把握的主动倾向,如果人主要由形式冲动所支配时,它就是纯粹的理性主体,只信奉理性原则,缺少生活情趣。席勒认为,在单一的感性冲动或者形式冲动中,人或者受物质欲望或者受理性法则的束缚,都不是真正自由快乐的;而在人的游戏冲动即审美活动中,感性冲动与形式冲动得到了统一,这时,人快乐地拥有理性,真正实现了人性的自由。席勒说:"感性冲动从它的主体之中排斥一切主动性和自由,形式冲动从它的主体之中排除一切依附性和一切受动。但是,排除自由是自然的必然性,排除受动是道德的必然性。因此,两种冲动都强制心灵,前者通过自然法则,后者通过理性的法则。因此,在其中两种冲动结合起来发生作用的游戏冲动,就会同时从道德上和自然上强制心灵;而且因为游戏冲动扬弃了一切偶然性,因而它也就扬弃了

---

① 席勒:《席勒散文选》,张玉能译,百花文艺出版社1997年版,第302页。

一切强制,从而使人不仅在自然方面而且在道德方面都达到自由。"①席勒所说的游戏冲动是感性冲动和形式冲动的统一。他指出了游戏、审美能引导人从自然状态向理性状态过渡的中介功能,这也是对儿童美育重要性的肯定,这一观点对儿童教育来说具有重要的理论价值和实践意义。

其次,席勒认为游戏冲动、审美是天赋本性,是人性本能,这明确揭示了儿童的审美、游戏本能的存在,肯定了儿童爱游戏、爱美的天性。席勒也受到法国启蒙主义思想的深刻影响,认为人类社会的发展就是人从自然人发展到文明人的过程,这一思想与他对儿童发展的看法是一致的,认为儿童成长就是从野蛮、粗野到理性、文明的过程。但席勒的这一思想并不是简单的历史进化观念。在席勒的美育理论中,感性冲动、理性冲动、游戏冲动都是人的天赋本性,三者之间既有历时的发展又有共时的并存,只不过在历时的发展过程中,在每个阶段某种冲动会占据主导地位。如在自然人那里,三种冲动同时存在,但感性冲动处于支配地位,而到了文明人那里,形式冲动则占据了主导地位。美化原始人的道德纯朴,最早是卢梭用以反思、批判现代文明弊端的浪漫主义想象,在席勒的美育思想中同样遗传了这一浪漫主义的基因。

此外,席勒对感性冲动、形式冲动、游戏冲动之间的辩证关系的分析,对客观地把握儿童美育、艺术教育的意义和局限,深入认识儿童艺术教育的方法等都有重要的启发。作为现代美育的开创者,席勒并不单纯地推崇美育、艺术教育的价值,而对它的局限也有深刻的认识。席勒指出,"假如审美趣味达到完全成熟,比真理和道德培植在我们心田中更早,而且不是通过比审美趣味可能实现的更好的方法培植的,那么,感性世界就永远始终是我们意向的界限。我们无论在我们的概念中,还是在我们的信念中,都会超越不了感性世界的界

---

① 席勒:《席勒散文选》,张玉能译,百花文艺出版社 1997 年版,第 208—209 页。

限,而且想象力不能表现的东西,就会对于我们没有任何现实性"①。这对我们客观地认识儿童美育、艺术教育的局限有着重要的启发。另一方面,席勒所指出的游戏冲动是感性冲动和形式冲动的统一,也清楚地指明了儿童美育、艺术教育与智育、德育的内在联系,对我们正确把握儿童教育中不同学科之间的辩证关系有着重要意义。

席勒美育思想的意义主要还在哲学层面的深度。席勒所揭示的审美、艺术与人性形成之间的本质联系,充分确立了美育、艺术教育在儿童教育中的重要位置。

四、福禄培尔与儿童美育

福禄培尔是十九世纪德国著名的幼儿教育之父。他的人性教育思想主张儿童发展的自由、自主,重视游戏等活动和儿童的创造性。

受牧师家庭出身和德国古典哲学的影响,福禄培尔的教育思想中有深厚的基督教神学思想基因。他认为,自然和人作为神、上帝的创造物,与上帝是统一的。"上帝是万物的统一体",这既决定了人和自然的统一性,也使人的本性在本质上是"善"的,人性以神性为基础,神性的善决定了"人性本善"。人的存在和发展具有自然性,就是要体现出自身本来所具有的神性,发展得完美、健全,这是人性的必然。由此,福禄培尔形成了自己的人性教育思想,认为教育、教学、训练等在本质上都是要引导人的本性的自然发展,帮助人认识到并自由地呈现出自己的神性本质。

福禄培尔重视在大自然中学习,肯定儿童的发展就是要达到他对自己天赋的内在神性的自觉认识和自主实践展现。在福禄培尔看来,对儿童的自主游戏活动进行引导,使其身体、认知、艺术、道德观念等都得到自然发展,对于儿童达到生命的自觉和自由具有特别重要的意义。出于这一认识,福禄培尔还设计了游戏教具——"恩物"。

---

① 《席勒散文选》,张玉能译,百花文艺出版社 1997 年版,第 101 页。

主张通过"恩物"和"作业"来科学、自然地促进儿童发展。福禄培尔所设计的"恩物"教具主要由基本的几何形体,如球形、立方体、圆柱体等构成,是用来在游戏中启发儿童由浅入深地认识自然和生活中各种事物的形式和结构的多样统一关系,明白世界在数学比例上的和谐统一性。"作业"是由儿童进行的手工创造活动,这是为培养儿童的自我创造能力、自我表达能力而设计的教学内容。福禄培尔认为宇宙中各种事物的形式和结构在数学上是统一的,比例和谐、对称秩序等各种特定的数学关系就是美,因而福禄培尔在游戏中通过"恩物"和"作业"发展儿童对事物形式和结构构成中的数学关系的认识,也包含了相应的美育内涵。

福禄培尔把艺术视为儿童的天赋本能之一。他认为人有活动、认知、艺术、宗教四种本能。他主张通过引导儿童在大自然中观察、活动,特别是游戏活动,以使他们的艺术本能得到发展,最终使之达到能够自由地进行艺术创造和通过艺术进行自我表达,这是福禄培尔儿童艺术教育思想的主要观点。

福禄培尔的儿童美育思想,对二十世纪的儿童艺术美育有很大影响,正是在他的启发下,进一步形成了创造性的自我表现的儿童美育观。他通过"恩物"和"作业"进行的游戏教学,其实还是服务于大工业生产的工业设计能力的培养,严格说来还不是真正"艺术性"的审美教育。

五、杜威与儿童美育

杜威是美国著名的实用主义哲学家和教育家。他著述丰富,涉及科学、艺术、宗教、伦理、政治、教育、社会学、历史学诸方面,使实用主义成为美国特有的文化现象。杜威的思想对中国现代教育界、思想界发生过重大影响。

1. 杜威儿童美育思想的主要内涵

杜威一直提倡通过艺术教育来对儿童进行美育。这与其提出的

"艺术即经验"是一脉相承的。杜威在谈到儿童教育的时候,要求引导儿童在生活中获取经验,从而获得探究、反思、解决问题的能力,这构成了杜威儿童美育思想的核心。杜威的儿童美育观是与生活紧密结合的,出发点与落脚点都在生活。所以,他的美育思想实用性更强,更具可操作性。

首先,杜威认为艺术有着内在的教育属性,教育也可以成为艺术。他主张把艺术与教育结合起来,让两者互相转化,达到艺术教育化和教育艺术化。杜威认为艺术审美经验的积累是缓慢的,但有着强大的力量,通过艺术经验的积累可以增强我们对周围事物的感知力,让我们的感官变得无比灵敏,且这种经验积累后不会轻易流失,它深深地凝结在我们的生命中,无时无刻不发挥着教育作用,是一种别人拿不走的宝藏。因此,对于儿童而言,审美经验的积累要从小做起,让艺术教育在儿童期就滋润其心灵。

其次,杜威认为艺术教育的作用是潜移默化的。"人们对于事物的价值的掌握是生动的,稍纵即逝的,只有借助于艺术的注意,人们才能获得心灵所渴望的那种愉快新鲜的经验。这些愉快和新鲜的经验,虽然本身也是稍纵即逝的,却对人的心灵的最深处起到了范导(discipline)作用。"① 艺术的内在力量是润物细无声,是在慢慢积累中质变的。儿童受益于艺术教育的效果,要长远才能显现,往往是在潜移默化中被改造。就像酿酒,醇香的好酒需要陈年慢酿,最后方能显现厚重回甘的滋味。

再次,艺术教育要以儿童为中心。"儿童中心论"是杜威儿童美育思想中最为重要的一环。杜威认为儿童是太阳,教育的各种措施都要围绕这个中心组织和旋转。一切以孩子为主,是每一个儿童教育工作者所应该重视的。儿童中心论更多的是对教师提出了要求。杜威希望教师更多地注重与儿童的情感互动与互通,使知识的传授

---

① 刘友洪:《杜威儿童美育思想研究》,西南大学出版社 2010 年版,第 21 页。

能以情感交流为载体，同时注重培养孩子感知美的兴趣，培养儿童美丽的心灵。教师要时刻不忘自己的服务对象是谁，同时家长也应该明确这条准则。

此外，艺术教育要帮助儿童积累审美经验。杜威倡导儿童在"做中学"。通过艺术实践真切感知艺术，掌握艺术技能，丰富审美经验。这就需要儿童拿起材料绘画，张开嘴唱歌，伸展肢体舞蹈，从而将审美快感积累下来，成为不易被抢走的审美经验。引导孩子欣赏艺术是给予他们审美的方法，让孩子参与创作是实验这种方法的可操作性，指导与实践应该互相结合。

杜威认为，一味地给儿童灌输知识是乏味的，这将让儿童的生活变得枯燥无趣。儿童应该享受属于他们的乐趣，一味的机械学习只能损害他们向上的积极性与能动性。儿童不是单纯的思想接受者，他们是活生生的生命个体，我们要关注儿童的世界，关注他们的生活经验，把他们的生活经验与艺术相结合，坚持以儿童为中心，让儿童真切地感受到审美的快感与愉悦的积累。

"艺术即经验"，"教育即生活"，"儿童中心论"，"做中学"，是杜威儿童美育思想的重要内涵，这几点相互结合，架构起了杜威儿童美育思想的大厦。

2. 杜威对儿童美育的实践探索

杜威是儿童美育的积极实践者。他联合当时美国社会一些知名的美育工作者，通过实验学校实施自己的美育思想。

1896 年，杜威创办了实验学校，大力推广自己的美育思想。学校开办初期，杜威亲自参与教学教研活动，积极与教工讨论教学方法，并经常与儿童家长见面一起讨论教育孩子的策略。他详细记载了每个年级的教育发展状况，并对其进行梳理、分析、总结，提取出理论观点，修正自己美育思想中不合理的部分。

杜威把实验学校分为三个不同阶段。第一阶段是 4 岁到 8 岁。教工带领这一年龄段的儿童主要进行手工制作、缝纫练习等动手教学。这一阶段旨在打通学校、社会、家庭生活之间的联系,使其积累生活经验,培养审美能力,逐步解决实际问题。第二阶段是 9 岁到 12 岁。这一阶段主要是让儿童同步提升听、说、读、写及动手能力,使这一年龄段的儿童在美育的熏陶中获得系统的知识性储备并能掌握相关的工作、生存技能。第三阶段是 13 岁到 15 岁的儿童。杜威旨在让这一年龄段的儿童在艺术积累的同时进一步获得更深入的生活经验。这一阶段属于高级阶段,是初级教育向中级教育的过渡,杜威希望这一阶段的学生能更多地了解生活艺术,领悟生活艺术的真谛。

杜威在课程的设置上融入了美育的维度。在每次课程结束时,杜威鼓励孩子们用审美化、艺术化的方式表达所授课程的内容和学习时的情绪,如鼓励儿童用音乐来表达自己学习语言课程时的情绪状态,用绘画来表达课程学习的内容等。杜威学校中孩子们的作业,往往是与生活相关的手工制作,体现了将美育要素融入其中的导向。

杜威美育实践中最引以为傲的是"杜威俱乐部"的建成。孩子们根据自己所学到的知识,亲自建设这个俱乐部,他们设计门窗、家具、窗帘等,风格和样式都是大家一起讨论确定。孩子们把自己的审美趣味运用到实际建造中,并进一步确证、深化了自己的审美经验。这种从实用出发,充分锻炼儿童动手能力的美育作业深受当时及后人称赞!

3. 杜威儿童美育思想的启示

"艺术即经验"的杜威美育思想,今天对我们仍有重要的启示。

首先,杜威将美育融入到整个大教育中。他把美育视为教育的一部分,始终提倡教育的艺术化和艺术的教育化。杜威强调美育应融入每一个教育步骤中,试图消解单纯知识灌输带给儿童的枯燥与乏味。他没有把教育看成单纯的知识与技能的积累,而是把这种过程看成是经验的再丰富。

其次,杜威始终把美育和生活联系在一起。他没有把艺术教育变成简单的技能训练,而是更多地把艺术和生活联系在一起,推崇生活艺术化、艺术生活化。儿童通过艺术的锻炼,最终得到的是对生活的体认。

杜威儿童美育思想的精华是理论与实践的结合。倡导美育的实践应用,是杜威的根本目标。终其一生,杜威把自己奉献给了教育事业,值得我们敬佩。

六、罗恩菲尔德与儿童美育

罗恩菲尔德是美国著名的美育家。他的创造主义教育理论,在二十世纪中叶席卷全球美术教育界。从二十世纪四十年代到八十年代,他的著作《创造力与心智的成长》连续再版七次,成为"二战"后最有影响的艺术教育教科书。

罗恩菲尔德肯定和阐释了用艺术来教育儿童的重要意义。他认为教育应使儿童的思想、感情、感受力全面均衡发展。艺术是平衡儿童智慧与情感的工具,可以给人带来美感并使人更具创造力。

罗恩菲尔德提出了儿童心智成长的七个方面,包括感情的成长、智慧的成长、生理的成长、知觉的成长、社会的成长、美感的成长、创造性的成长。

罗恩菲尔德具体研究了儿童美术教育,结合儿童心智成长将其分为涂鸦阶段、样式化前阶段等六个阶段,深入探讨了儿童美术才能的整个发展过程。他认为美术的锻炼可以最大限度地发挥儿童的潜能。但针对每个儿童,究竟采取何种形式来进行艺术教育,决定要素还是儿童个体的需要和教育情境。

罗恩菲尔德十分推崇艺术教育的治疗功能,并将其应用到儿童美育当中。如他根据盲童在艺术绘画中的反应进而发现手和触觉对这一群体有着至关重要的作用,因此他提倡通过美术教育增加盲童的触觉感受,从而使他们远离孤独寂寞之感。他根据自己对残障儿童的调研总结出艺术治疗的原则,这些原则基本上是建立在美术教育之上。

罗恩菲尔德主张以儿童心灵成长的尺度来评价艺术教育的成效。把评价儿童艺术美育的衡量尺度定位在儿童的心灵成长上,这是极富远见的。他认为,儿童艺术教育或艺术美育的最重要意义是通过艺术创造活动,通过艺术的熏陶与滋养,让儿童在成长过程中,得到对自己的肯定与激励。要通过艺术教育来开发儿童藏在身体内强大的艺术创造力并促进儿童心理与智力的发展。儿童艺术创造的过程要比最后得出的作品重要得多。很多人喜欢用作品或最后的成果对儿童艺术教育的成功与否进行评价,这在罗恩菲尔德看来是不正确的。我们可以从儿童的艺术创作过程中看到其心智变化的印迹,也可以知道其对艺术感知的变化程度,通过这些过程中显示出的点点滴滴,施教者可以及时地采取策略实施行动规避在艺术教育中形成的一些错误。若只关心作品与成果之优劣等级的话,反而会造成儿童攀比、不自信、功利心强等不良品性。假如在不完美中,我们看到了儿童生命的改变,那么这种改变比任何完美的完成品还重要。这对我们今天的应试教育和功利教育是极具启思的。

罗恩菲尔德主张艺术教育的核心目标是培养儿童的创造力。罗恩菲尔德认为从艺术活动中所获得的创造力是一种普遍的创造力,适用于各个领域。这种内在创造力的获得是艺术美育的核心目标。他把创造视为人与动物的主要区别之一。创造力是人的生存本能和自由本能,需要不断去发掘它、提高它,并把这种创造力应用到为人自身带来幸福和价值上。艺术教育活动就是要激发儿童的创造潜能,并通过这种驱动力使儿童在成长过程中形成更强健的生存能力。

七、加登纳与儿童美育

加登纳现任哈佛大学教育研究生院认知和教育学教授。其最为人熟知的是"多元智能"理论。《纽约时报》把他称为美国当今最有影响力的发展心理学家和教育家。

1993 年,加登纳出版了《多元智能》一书,对"多元智能"进行了界定,认为所有正常人拥有至少七种相对独立的智能形式,包括语言智能、数学逻辑智能、音乐智能、身体运动智能、定向智能、人际关系智能、自我认知智能。以此为基础,加登纳提倡多元化的素质教育,包括音乐在内的艺术教育也被加登纳纳入其中。

在"多元智能"理论的宏观思路下,加登纳强调要"采用认知的方式于艺术教育"。他的主要观点有:第一,创作的学习、练习,是10岁以下儿童早期艺术学习的中心内容;第二,艺术的感知欣赏、史论、其他外围学习,要围绕配合儿童艺术创作学习的中心进行;第三,艺术课程的专任或兼任教师,必须精通艺术思维的运用;第四,以有意义的专题进行艺术学习;第五,打破大多数艺术领域中,学校儿童艺术教育中所制定的从幼儿园到高中12年的连续教学计划;第六,艺术教育中的学习评估很重要;第七,艺术学习不能满足于掌握技巧和概念;第八,在任何情况下都不应直接向学生讲授如何判断艺术的品位和价值;第九,艺术教育的重要性,使这项工作不能交给单一的团体来做;第十,不可能让每个学生都去学习所有的艺术门类。

在"多元智能"的理论前提下,加登纳设计了"多元智能课程",主张"个性化"教学。包括:在幼儿早期进行"多彩光谱式学习",目的是发现儿童的智力优势所在;小学阶段实行"重点实验教学",除了读、写、算课程外,还开设音乐、美术、体育和计算机等课程,重点是全面开发每个孩子的多元智力;初中阶段实施"实用智能",即努力促使每个学生都能够在学习上获得成功;高中阶段则进行"艺术推进",旨在充分发挥艺术学习对学生发展的促进作用。总之,"多元智能课程"的实施途径主要有两个:一是通过"专题作业"项目,即试图通过学生在解决真实问题学习中的智力"优势",来呈现学生的智力强项;二是"学徒制"方法,即认为有智力特长的学生不适于在教室中跟班学习,可进行学徒制式学习。这种教育理念体现了"因材施教"的理想。

无论是从课程设置还是从教学方法看,在加登纳的"多元智能课程"中,艺术智能都是重要的一维,其开放、包容、多维的教育理念,值得我们关注。

第六章
当代儿童美育方法与问题

　　在儿童美育实践中，美育方法的恰当与否非常重要，它直接影响和决定着儿童美育的质量。如何结合时代发展，实现当代儿童美育方法的科学化、合理化、高效化，是一个非常值得研究的课题。

第一节　家庭儿童美育的方法与问题

家庭是儿童成长的第一个环境。家庭对儿童发展的影响是全面的、持续的。按照苏联教育家苏霍姆林斯基的观点,孩子的健康成长是父母、学校、社会多方面共同作用的结果,其中家庭的作用排在第一位。美国实用主义教育家杜威曾经说过,当家庭教育完全让位于学校教育时,即意味着教育失败的开始。

儿童在真正成人走向社会之前,家庭和学校是其最重要的生活环境,其中家庭比学校更为重要,年龄越小越是如此。这主要是因为,年幼的儿童还缺乏独立活动和生活的能力,衣、食、住、行等日常生活主要由父母照料,多数事情由父母代为决定,因此父母的一言一行对孩子的思想性格、行为方式等都具有重大的影响。

关于家庭中儿童美育的特殊作用,有些家长也许并没有自觉意识,但他们事实上在日常生活的方方面面深刻地影响着儿童审美能力的发展。比如从襁褓中开始,婴儿虽然视、听等的感知能力还很弱,但他们就已经开始从妈妈或奶奶等唱的摇篮曲中接受音乐美的熏陶。再如父母长辈们给孩子们所取的名字,或典雅,或新奇,或浪漫,或平实,不知不觉也在影响着孩子的审美判断。等他们逐渐长大,家庭的房间布置,平时的穿衣打扮,电视节目的欣赏,图画故事书的选择等,这些常常由父母所决定的生活内容,都在潜移默化中影响着儿童审美趣味的形成。不管家长自觉与否,他们的审美素养在事实上无所不在地影响着孩子的审美素养和审美的能力。家庭儿童美育作为培养孩子审美趣味和形成审美观的重要起点,应该充分予以关注。

一、家庭儿童美育的问题探究

一个年轻的妈妈爱美,买了昂贵的香奈儿水亮唇膏用。一天,读幼儿园大班的女儿趁妈妈不注意偷偷拿唇膏当画笔用，书上、墙上到处涂抹。妈妈看着自己心爱的化妆品被女儿糟蹋，一气之下就打了女儿一巴掌。

家里刚买的新房，有专门给女儿的一个房间，家长根据家装设计师的意见花了不菲的金钱把它装修得素雅温馨。可是刚读初中的女儿追星，TFBOYS组合的队长王俊凯是她的偶像。住进新房后，女儿就在自己房间的床头上贴上了自己喜欢的王俊凯的巨幅海报。看着这张与房间风格格格不入的男明星海报，爸妈和女儿发生了激烈的争吵。

与以上两则案例类似的事情，在不少家庭中都发生过。它们都与儿童的家庭美育相关，一般家长采用的简单的打骂的方式并不能从根本上解决问题。家长自己不懂儿童美育，没办法进行正确的引导，这是当今家庭儿童美育普遍存在的现象。深层的根源还是在于对家庭儿童美育，存在着思想观念上的误区。

有些家长认为，美育与家庭无关，美育是幼儿园和学校的事，是社会的事，所以采取了漠不关心的态度，对家庭儿童美育的功能与作用浑然不知。这种观念有一定的普遍性，而且是非常有害的。教育是个系统工程，需要家庭、学校和社会的共同协作，美育也是如此。家庭美育是儿童美育极为重要的组成部分，是学校美育、社会美育的重要补充，脱离了家庭美育的配合、支持，学校美育、社会美育是无法发挥应有的作用的。比如，小学语文教学中，第一学期的教学内容中有秋天、冬天的相关内容，第二学期有春天、夏天的相关内容。在低年级的语文教学中，教师经常会布置家长协助儿童观察自然景物随季节变化而发生的变化这一类家庭作业，如果孩子的爸爸妈妈审美素养高，可能会引导儿童进行审美观察，指导儿童吟诗、写生、摄影等，这不仅对儿童的语文学习大有裨益，对儿童审美水平的提升同样具有重要的帮助。重视家庭儿童美育的家长，周末、节假日等可以带孩子去看看画展，听听音乐会，欣赏舞蹈表演，挑选适合儿童欣赏的影片观看，一起欣赏和创作小诗歌、小故事等，这些都可以很好地提升儿童的审美素养。

还有一些家长，虽然对家庭儿童美育的重要性有所认识，但视美育是崇高神秘的工作，自己胜任不了，有畏难情绪，认为美育应该由那些经过专门训练的老师、有专业才能的专家等来承担，所以没有积极地承担起自己的责任。这种观点也是错误的。家长限于成长经历、教育水平等，不懂艺术，审美水平不高，是很有可能的。但美育并不神秘高深，家长应该尽自己的可能来承担相应的儿童美育责任，而不是为自己找借口，放任不管。最基本的，从家庭的环境布置，到儿童的穿衣打扮、课外阅读、影视欣赏、游戏娱乐等，家长都应该积极提升自己的审美上的修养水平，尽可能地给予管理、引导。包括家庭关系的融洽，家长言谈举止的文明礼貌等，都是家长有能力做到的，这些对儿童美育也有着重要的影响。

还有这样一些家长，对美育不重视，片面地认为美育就是唱唱、跳跳、画画，而且自己也不想把孩子培养成艺术家，在家里还是侧重教孩子学识字、学算术有用，所以主观上消极对待美育，放弃了家庭儿童美育的职责。这种观点最为有害，而且持这种观点的家长不是少数。确实，当今高科技信息社会中知识教育的重要性变得极为突出，中小学的升学压力也强化了儿童知识学习的重要性。但我们必须清楚认识到美育对儿童发展的重要作用，从而确立必要的家庭美育观念。片面的知识教育不仅有培养出高智商、低情商的儿童的可能，忽视儿童的审美天性，更有导致儿童厌学、人格畸变的可能。正确认识和处理好儿童的知识教育与审美教育的辩证关系，充分重视儿童美育的重要性，把儿童美育提到家庭教育的程序上，才能推动儿童的良好发展。

厘清对儿童美育的基本认识，提升美学理论修养，转变儿童教育观念，配合好学校和社会的美育工作，是当代家长必须要做好的基本职责。否则，即使经济条件允许了，主观意愿有了，也仍然难以培养出全面发展的优秀儿童。

二、家庭儿童美育的方法探讨

在家庭儿童美育中,我们可以尝试多种方法。

首先,引导儿童进行艺术欣赏是家庭儿童美育最主要的方法。如胎儿美育。在孩子还未出生之际,孕妇可以通过各种方式对母腹中的胎儿开展美育胎教。准妈妈在孕期通过感知音乐、绘画、诗赋等艺术作品,审慎地对胎儿实施有规律的审美刺激。据医学研究表明,6 个月大的胎儿已经具有一定的视觉、听觉、情感、记忆的能力。胎儿美育,能在一定程度上刺激胎儿的审美潜能,这已成为人们的共识。另外,6 个月大的胎儿已经能够感受母亲的情绪变化,愉快的情绪不仅使孕妇身心协调,还有利于胎儿的营养吸收、激素分泌、生理平衡。像音乐胎教中,让孕妇听些节奏舒缓、旋律优美的名曲,如贝多芬的《田园交响曲》、勃拉姆斯的《摇篮曲》、舒伯特的《小夜曲》等。再如绘画胎教中,家里挂一些色彩鲜艳、光线明亮的风景画等。这些都可以为孕妇营造良好的环境氛围,使孕妇保持精神的放松、情绪的轻松愉悦,对胎儿的健康发育和良好性格的形成极为有益。

无论是胎教,还是幼儿美育或少儿美育,家庭儿童美育都对家长的艺术修养提出了要求。家长作为家庭美育的主导者,应该注意培养自己的艺术爱好,拥有一定的艺术修养,这对家庭儿童美育的有效开展是非常必要的,可以有助于帮助儿童选择合适的艺术欣赏对象,和儿童交流艺术欣赏的具体体验,指导儿童艺术欣赏的方法等。

其次,游戏是家庭儿童美育的重要形式之一,特别是对幼儿和少儿来说。游戏与审美的相似性和相通性,是美学研究中的重要课题。从康德、席勒到谷鲁斯、斯宾塞,都注意到了游戏与审美的密切联系。游戏是儿童生活的主要内容,是他们最基本的生活和学习方式,也是他们最基本的审美方式。正如沙托所说:"儿童是一个玩耍的精灵,而不是别的。要是问儿童为什么玩耍,就如同问儿童为什么是儿童一样。"①无论儿童身处何时何地,游戏总是无处不在。他们过家家,捉迷藏,搭积木,唱童谣,形式各异,趣味无穷。

在自由的游戏活动中,儿童的感受力、观察力、情感力、注意力、想象力等不同的能力自然自由地协同配合,这对儿童的身心发展极为重要。儿童的游戏过程需要同伴的参与和互动,通过独立竞争和团结合作的角色分配、游戏规则的遵守与调整,使儿童逐渐明确责任与义务、规则与自由,了解自我与他人、个体与集体的区别与联系,这就增强了儿童的独立性和社会性。像幼儿的经典游戏"老鹰捉小鸡"、"木头人"等,都具有引导儿童身心发展的积极作用,长期以来也一直深受孩子们喜欢。玩"老鹰捉小鸡"时,"老母鸡"带领"小鸡"们躲避老鹰的扑捉。这个游戏既能锻炼幼儿的动作灵活性,也能鼓舞他们与"敌"斗争的热情,引导他们体验亲情合作的重要。玩"木头人"游戏,大家一起喊口令:"我们都是木头人,不许说话不许动,不许走路不许笑。"口令喊完后,大家立刻保持动作静止,不许说话不许动,也不允许笑,谁违反规则就是谁失败。这个游戏能很好地锻炼幼儿语言和动作的协调性,同时也能锻炼他们的意志力。

以游戏来促进儿童美育需要注意:(1)越是年幼的儿童,注意力能够保持集中的时间越短,这决定了儿童在某一游戏时的兴趣一般不会保持很久。父母需要不断地挖掘适合家庭儿童美育的新游戏,从而能够不断尝试新的能够吸引儿童注意的游戏方式。在通常的情况下,利用多种游戏交替进行的方式是个不错的选择。不同的游戏有不同的美育效果,通过多种游戏的交替,既能较长时间地维持儿童的游戏兴趣,又能帮助儿童交替体验不同的审美感受,使其能够尽情地沉浸在"美"的世界里。(2)家长需要较好控制儿童游戏的时间。因为儿童的体力有限,自控能力较弱,无法根据情况自主地掌控游戏

---

① 让-皮埃尔·内罗杜:《古罗马的儿童》,张鸿、向征译,广西师范大学出版社 2005 年版,第254页。

美育与当代儿童发展

的时间。家长要帮助儿童适当把握游戏开始和结束的时间，避免让儿童过度劳累。一般情况下，家长需要在儿童的游戏意愿得到一定程度的满足，他的身体活动能力开始下降时，适时巧妙地结束游戏，这样才能确保最佳的游戏美育效果。

对于今天的儿童来说，电子游戏包括单机游戏、网页游戏、大型网络游戏等，已经成为一种新的重要的游戏方式。活泼好动的儿童对声光配合巧妙、内容丰富多样的电子游戏，特别容易兴奋着迷。随着电子技术的进步，像正在兴起的 VR 技术（即虚拟现实技术），会使电子游戏的吸引力进一步加强。电子游戏不是洪水猛兽，一些画面精美、声效逼真，以及内容健康有益的电子游戏，对儿童美育有正面的积极意义。但在当前的文化市场环境中，电子游戏垃圾也不罕见，家长对游戏的内容、界面、时间等，都须适当关注。

再次，室外美育活动也是家庭儿童美育需要加强的环节。提到家庭美育，人们容易理解成在家庭室内开展的美育活动。其实，这是一种误解。由家庭主导并展开的美育活动，无论室内还是室外都属于家庭美育，像家庭成员的远足野餐、露营，像室外的亲友游戏等。年幼的儿童应该更多地到室外，到自然中去活动，这不仅对其身体的生理健康十分必要，对审美情趣的丰富和审美能力的提升来说，也是非常必要的。城市中的儿童、低龄儿童，都应该加强室外的美育活动。家庭成员的集体性室外活动，对于增进成员间的情感交流，与自然美育、社会美育积极互动，都是非常重要的。

最后，家庭环境的美育包括室内装饰布置的美化与家庭人际关系的和谐，两者都是家庭儿童美育的重要内容。风格鲜明、整体和谐的室内装饰布置作为儿童家庭生活的客观环境，在潜移默化中给儿童以审美的熏陶，这是家庭环境美育必须关注的内容。而家庭成员的衣着打扮、言谈举止、待人接物、饮食起居等所构成的家庭内在审美环境，是"审美家风"的呈现，对儿童的审美影响更为重要。因此，合格的家长要努力为儿童创设一个内外兼美的家庭环境。反之，如果家长对室内装饰缺少审美意识,家庭装修的整体风格不统一,颜色搭配混乱,这必然会对儿童的审美修养有消极的影响。同样,如果家庭成员文化修养不高,言行粗鲁,经常举止不文明,或者家庭成员的关系不融洽,经常吵架或者互相冷暴力相对,这甚至对儿童的成长发展都是非常有害的。

总之,家庭儿童美育的方法多种多样,因家而异,需要家长们不断探索与实践。著名教育家陶行知曾说:"烧饭是一种美术的生活。做一桩事情,画幅图画,写一张字,如能自慰慰人就叫做美,一餐饭烧得好,能使自家人吃得愉快舒服,也能够使人家愉快舒服,岂不是一种艺术吗?"①烧饭也可成为一种艺术的熏陶? 实际上这并不夸张。家庭儿童美育,最可贵的是以艺术和审美之心融入生活,从而给儿童全面的无所不在的生机勃发的美的滋养。

---

① 《陶行知全集》,四川教育出版社1991年版,第2卷,第16页。

第二节　学校儿童美育的方法与问题

学校教育是由专门教育机构和专业教师对儿童进行的有计划、有组织的系统教育活动。对儿童发展来说,学校教育是除家庭教育外最为重要的影响力量。学校美育是学校教育的重要组成部分,对儿童发展的重要性不言而喻。

一、我国学校儿童美育的历史发展

古希腊时期,音乐教育就已经成为雅典城邦的学校教育内容之一。柏拉图在《理想国》中就说:"我们一向对于身体用体育,对于心灵用音乐。"[1]我国早在夏朝以前,就已经有了乐教的思想。至西周,更为重视礼乐教育,乐教成为维系人、自然、社会关系的重要教化工具。礼乐教育传统,经儒家发扬,深刻影响了我国古代的书墅教育。

至近代,西方美育思想东渐,学校美育也因此得到了推进。1903年,清政府颁行第一个近代学制——癸卯学制。该学制的主系列(师范学堂和实业学堂之外的一般性学校教育)被划分为初等教育、中等教育和高等教育,其中前两者都明确规定了音乐、图画、手工等艺术类课程的设置,这大大推动了我国近代学校美育的发展。仅以幼儿的学校美育来看,癸卯学制把蒙养院确立为学前教育机构,规定蒙养院应设立唱歌课以服务于儿童德性的培养。1905年,湖南巡抚端方创办湖南蒙养院,该院在落实癸卯学制开展幼儿学校美育方面是积极的早期先行者。湖南蒙养院在教学上把音乐舞蹈教育纳入体育,提出了"体操发达其表,乐歌发达其里"的主张。关于唱歌课,《湖南蒙养院教课说略》中说:"教育机关云唱歌者,培养美感,高洁心情,涵

---

[1]　柏拉图:《文艺对话集》,朱光潜译,人民文学出版社1988年版,第21页。

养情也。"①能够明确提出音乐具有培养美感陶冶情操的作用，说明该校对美育的原理已经有了相对科学的认识。《湖南蒙养院教课说略》还高度评价乐歌的功能说："乐歌一道为用最大，凡立学堂不设乐歌，是为有教无育，是为不淑之教。盖不止幼稚园为然也。"②要求学校教育一定要设乐歌教学，认为缺少音乐教育就是不完全的教育，说明湖南蒙养院对开展学校音乐美育已经具有了相当的自觉意识，这在我国近代幼儿学校美育的发展中是比较先进的。

在官方推动学校美育的同时，当时的一些新派知识分子对此也已有了一定的认识和探索。如康有为早在1891年所写的《大同书》中，就对新式学堂进行了设计，提出了歌乐、图画、书器等教育应该贯穿从婴幼儿到大学的整个教育发展历程的主张，是对学校美育的具体设想。康有为指出，在育婴院阶段，"婴儿能歌，则教仁慈爱物之旨以为歌，使之浸渍心耳中"；在小学阶段，"儿童好歌，当编古今仁智之事，令为诗歌，俾其习与性成"；在中学阶段，习乐的功能在于"乐以涵养其性情，调和其气血，节文其身体，发越其神思"；到了大学阶段"每日皆有歌诗说教，以辅翼其德，涵养其性"。③从这些内容来看，康有为对学校美育的认识是非常系统的。再如1903年，沈心工在上海南洋公学附属小学任乐歌课教师时，成功推动了学堂乐歌发展。总之，近代以来，我国学校美育的认识和实践，在西方美育的影响下开始有了较大的发展。

民国成立后，受惠于我国现代美育之父蔡元培以及一批现代美学家、艺术教育家的大力提倡和中小学艺术教育老师的开拓，我国的学校美育在西方美学、美育的影响下，有了较大程度的发展。但战争频仍所造成的社会动荡、经济文化发展的落后，还是制约了学校美育

---

① 舒新城编：《中国近代教育史资料》中册，人民教育出版社1961年版，第390页。
② 舒新城编：《中国近代教育史资料》中册，人民教育出版社1961年版，第388页。
③ 舒新城编：《中国近代教育史资料》中册，人民教育出版社1961年版，第908—917页。

沈心工(1870—1947)，中国音乐教育家，学堂乐歌的代表人物。

的展开。中华人民共和国成立后，我国学校美育的发展有了良好的大环境。尤其是改革开放以后，特别是二十世纪末，《中共中央国务院关于深化教育改革全面推进素质教育的决定》颁布。《决定》指出，美育"对于促进学生全面发展具有不可替代的作用。要尽快改变学校美育工作薄弱的状况，将美育融入学校教育全过程"[1]。这就为新世纪学校美育的大发展提供了良好的政策保障。儿童进入学校，要在知、情、意各方面接受专业教导，实现全面完善发展。学校美育对儿童发展的意义不仅是在美育方面有独立的意义，它还有启智储德的重要功能。

二、学校儿童美育的意义和问题

我国学校美育的开展尽管在一定层面上已经形成了共识，有了较大的发展，但很长一段时间内，学校美育的重要意义并未被各级教

---

① 《中共中央国务院关于深化教育改革全面推进素质教育的决定》，《中国教育报》，1999 年 6 月 17 日。

育行政部门、各级领导、专业教师所充分认识。有的人把学校美育看作仅仅是音乐教师和美术教师的事。有的人认为数理化才是学校的主课，艺术课美育课可有可无。长期以来，美育类课程生存空间逼仄，缺乏优秀师资，严重影响了学校儿童美育的质量，也影响了儿童教育的整体质量。

因此，要有效开展学校儿童美育，首先需要对学校儿童美育的作用，形成清醒自觉的认识。美育对人的功能是多方面的。从大的方面来看，学校儿童美育的意义主要在于：

第一，培养健全儿童的人格。美育是通过"寓教于乐"来发挥作用的，不同于德育的理性强制和智育的理性强化。美育是通过形象的欣赏，让儿童在自由快乐中接受影响。特别是儿童艺术美育，一方面因为艺术活动的想象虚构，使儿童在主体能动性的发挥中产生新奇的审美感受；另一方面因为艺术创作具有突出的实践性，需要儿童自己动手来自由创造，这契合了儿童活泼好动的天性。儿童在美育实践中，始终保持着自己的主动性、自由性，并且充分发展了感受力和情感力，这使得美育对培养儿童全面发展的健全人格有着天然的优势。像喜爱绘画的儿童，经常在纸上或者画布上涂涂画画，审美创造的高度愉悦一定程度上帮助儿童形成稳定的思维和行为特征，是很自然的事情。我们在日常生活中也经常注意到，爱好舞蹈的儿童，喜欢在生活中蹦蹦跳跳；喜欢文学阅读的儿童，相对文静秀气，这都是常见的现象。

第二，培养发展儿童的个性。审美活动是审美主体高度个性化的精神活动。审美活动的情感性特征是审美活动个性化特征的重要原因，这也直接影响到美育的功能机制。美育的情感机制使其在发展儿童的个性方面，具有智育、德育不可取代的独特作用，可以有效避免智育、德育因为追求标准和规范对儿童个性的约束和同化。像儿童阅读小说《彼得·潘》，哪个不会被作品奇幻的情节所吸引，并希望自己也永远不长大？这种阅读激发起儿童对自由、纯真的渴望，明显是有利于儿童对自己的个性的坚持的。读马克·吐温的《汤姆·索亚历险记》，被汤姆的正义感所打动，而希望自己也善良正直；被汤姆的自由、冒险所吸引，希望自己也能够无拘无束、自由快乐。读马克·吐温的《哈克贝利·芬历险记》，儿童也会被哈克贝利的机智、勇敢和善良所打动，希望自己也能够机智、勇敢和善良。总之，儿童美育能引导儿童形成自我，鼓舞他们坚持自我，对儿童个性的形成和发展有重要的积极影响。

第三，培养引导儿童的创新能力。审美活动丰富的想象力和高度的创造性，直接决定了美育对儿童创新能力的培养具有重要的推动作用。经由美育的熏染陶冶，儿童的情感力、想象力、直觉性、创新性等，都将逐渐获得有效的提升。以儿童文学审美为例。无论是文学形象的创造，还是情节的构思设计，儿童文学作品都是作家们独特想象创造的产物。经常欣赏儿童文学作品能够很好地活跃儿童的联想、想象能力，这就为儿童不墨守成规、勇于天马行空的想象创造，打下了思维基础，对于儿童勇于突破和超越的创新能力的培养，是极为重要的。像《西游记》中的孙悟空和猪八戒，不就是人与猴子、猪的动物形象的融合创造吗？对孙悟空、猪八戒的喜爱，必然会激发儿童的形象创构能力。七十二变、筋斗云、火眼金睛，孙大圣的种种神通，能够很好地活跃儿童的想象创造和联想创新能力。总之，不断进行文学欣赏所积累的各种人物形象、故事情节以及精彩文字等，作为触发儿童进一步的想象、联想的素材，对儿童形象思维的训练、自由个性和创新能力的培养，都是大有裨益的。

需要注意的是，美育的成效，不是马上显现的，而往往是缓慢展现出来的，这在应试教育的大环境中，就会处于先天不利的位置。有些学校即使开展了美育教学和实践，也都有着各种各样的潜在功利目标，如课外艺术兴趣小组，指导教师们往往以引导学生参加艺术竞赛获奖为目标，背离了开展校园美育的初衷。这些问题，需要各方面的整体合力，才能从根本上解决。

三、学校儿童美育的方法与原则

学校儿童美育应充分考虑学校教育的特点，找到发挥自身优势的方法。

首先，课堂美育是学校儿童美育的主体。课堂教学是学校教育的主体内容，校园美育的开展同样离不开课堂教学这个主阵地。学校教育应德、智、体、美、劳五育并举，因此教师要在所有课程中贯穿美育的因素。正如蔡元培所言："各门学科无不于智育作用之中，含有美育之元素，一经教师提醒，则学生自感有无穷之乐趣。"[①]要重视课堂教学的审美化，充分利用各种现代教学技术，积极开展教学方法的探索、教学模式的改革，以更好地尊重儿童的学习主动性，变单向知识灌输为师生、学生之间积极互动的自主课堂学习，从而真正贯彻学校美育的目标。

当前，随着科学技术的进步和我国社会经济的发展，利用现代教学技术手段进行教改的创新探索，已经成为一大批中小学校的自觉努力。面向教师的教学资源网站、面向学生的教学网站和作业网站的有效利用，电脑、投影、手机等电子设备引入课堂以及 QQ、微信等即时通信技术在教学过程中的借用，微课、慕课、弹幕等教学模式和方法的改革，正在极大地改变着目前中小学校课堂教学的面貌。这为课堂教学的审美化探索，提供了极大的便利。教师也需要努力提升课程教学的艺术水平，让儿童在类似艺术活动的氛围中快乐高效地完成课堂学习。课堂教学实现以美育人，才能确保教学的科学性、思想性、趣味性的完美结合，促进学科知识的有效内化（吸收）、固化（巩固）、外化（应用）。

专门的艺术类课程，则是学校课堂美育的重心。要系统设置美术、音乐、文学等课程的课堂学习，使学生掌握必要的艺术基础知识，

---

① 《蔡元培教育文选》，人民教育出版社 1980 年版，第 190 页。

培养基本的艺术审美能力,提升综合审美素质。系统的艺术美育课程应作为必修课列入教学计划,并且严格执行,彻底改变应试教育背景下轻视美育课程的片面倾向。

其次,课外美育是学校儿童美育的有机组成部分。课外活动、第二课堂以及有组织的校外活动,是学校课堂美育的有机补充。组织有艺术兴趣的儿童积极参与各种艺术兴趣小组、艺术社团活动,引导学生参与各类校园艺术节、演讲会等,既有利于学生的放松休息,还能激发学生的审美兴趣,提高其审美修养。课外审美文化生活拓展了学校美育的广阔天地。

此外,环境美育是学校儿童美育的重要部分。校园是师生学校生活的核心场所,是学校美育须臾不能离开的重要背景,校园环境对儿童起着潜移默化的影响。校园建筑的功能布局,环境的绿化美化,教学活动场地的整洁美观等,是校园环境美化的基本内容。在此基础上,可以进一步考虑到校园环境审美风格的构建,如建筑的格局、校园的色彩、雕塑的内容,教室、门厅、走廊、会议室、图书馆、体育馆等的布置,以及学生作品、校训、班训等的张贴,所有这些元素都要利用起来。环境美育还包括学校内师生、老师、学生之间关系的和谐。儒雅博学、开明亲和的教师,阳光乐观、敏智好学的学生,构筑了美好校园生活的核心。

在学校美育中,一定要加强整体性设计和系统性规划,课内课外兼重,校内校外结合,教师学生合力,循序渐进,正确引导,使其在整个学校教育中发挥积极独特的作用。

第三节　社会儿童美育的方法与问题

在儿童发展过程中,家庭和学校并不是封闭的。儿童的群体、村落、社区生活,儿童随父母外出活动,儿童有意识地参加社会实践等,都使儿童直接间接地与社会形成了各种联系。而当代互联网与资讯的发达,更大大加强了儿童的社会化程度。可以说,社会儿童美育在当代比以往任何一个时代都更为重要。

一、我国社会儿童美育的历史发展

社会儿童美育,是指在社会生活中培养儿童的审美素质,提升其审美能力,陶冶其审美人格的美育活动。

二十世纪初,社会美育就引起了人们的重视。如蔡元培先生就提出社会美育可以通过专设的美育机关和美化环境两个方面来实现。[①] 前者主要有博物馆、艺术馆、剧院、电影院、文物所、植物园、动物园等。后者主要可以关注道路、建筑、公园、名胜、古迹、公墓等的美化。再如美学家张竞生博士,提出了"美治"理论,即以美的理念治理社会。张竞生认为个体的"美的人生观"是美育的核心目的,包括"衣食住,体育,职业,科学,艺术,性欲和娱乐"等七个方面的美化,所论主要是社会美的内容。"美治社会"的所有机关都应以"广义的美"为目的,形成"美的社会组织"。如政治上要建立实行"美治政策"的"美的政府",在其领导下去"建设情爱与美趣的社会","确立爱与美的信仰与崇拜",实践"极端公道与极端自由的组织法"。[②] 这一社会美育理论虽极理想化,但具有鲜明的实践向度。可以说,"从实践的层面较为系统而全面地思考美育问题,并提出具体方略的,张竞生要

---

① 金雅主编:《中国现代美学名家文丛·蔡元培卷》,浙江大学出版社 2009 年版,第101—102 页。

② 张竞生:《美的人生观》目录,生活·读书·新知三联书店 2009 年版,第1—2 页。

比王国维、蔡元培做得更多,走得更远"①。

今天,生活的审美化和美丽乡村的建设,使得我国城乡的面貌越来越美。而随着博物馆、美术馆、剧院、音乐厅、图书馆等公共文化服务体系的不断完善,社会美育的途径也不断丰富。再加上高科技发展所带来的各类现代传媒的发达,更是极大丰富了社会美育的媒介。网站、短信、微信、微博等信息传播方式,都是当今时代社会美育可以利用的新媒介。

当代社会儿童美育,面临着远较过去更多的机遇和更为复杂的问题。如儿童审美文化市场的迅速发展与社会儿童美育的需求之间还有很大的距离。像在儿童文学领域,幼儿读物、少儿文学作品已经有了较明确的市场细分,创作、出版、发行也有了比较成熟的机制,但真正具有较高审美价值的作品还不能算多。影视媒体方面,综合性电视台几乎都有自己固定的少儿节目品牌,很多省市电视台有独立的少儿电视频道,部分电视台还拥有主要面向儿童的卡通频道,但很多电视频道播出的节目雷同,节目内容质量不高。儿童电影市场方面,也存在类似的重市场、轻质量的现象。主题性儿童游戏乐园不少,但缺乏民族特色。有影响的专业性儿童艺术教育网站,成功的儿童玩具公司像孩之宝、乐高、美泰这种级别的成熟玩具公司亟待培育。儿童玩具、儿童文化用品等,除了卡通形象的运用和颜色艳丽外,很多产品的审美内涵不高,真正有创意的形象创造不多。可以说,在当下我国儿童审美文化市场的蓬勃发展中,市场与审美、经济利益与社会效益的冲突激烈,趋前者而牺牲后者的现象普遍存在。完全依靠市场自由竞争来调节,或完全依靠家长的自主选择,是不够的。这就需要开展对社会儿童美育的专门组织、管理、引导,需要更多的儿童审美文化批评者的主动、自觉的参与,成为塞林格《麦田守望者》中的"守望者",做好社会儿童美育的"审美守望者",促进社会

---

① 张竞生:《美的人生观》,生活·读书·新知三联书店 2009 年版,第 5 页。

儿童美育的健康发展。

二、社会儿童美育实施的方法与问题

社会儿童美育载体多样,方式灵活,具有突出的社会性。如面向儿童的社会公共文化服务体系,主题性儿童公园等商业性儿童文化娱乐机构,城乡自然与人文景观,社会总体的审美文化氛围等,都是社会儿童美育的重要载体。依靠这些载体实施社会儿童美育,还要注意适当的方式方法。

首先,要大力建设并充分利用面向儿童的社会公共文化服务体系。像市、区青少年宫,幼儿或者少儿图书馆,儿童剧院,少儿电视台,少儿广播频道,专业性的少儿艺术教育网站等,都需要大力建设并充分利用。客观地说,随着社会经济的发展,我国面向儿童的社会公共文化服务体系建设已经有了很大的进步。但与儿童发展的现实需要,尤其是儿童美育的现实需要相比,还是有很大的提升空间。特别是像社区少儿图书室、活动室等孩子们身边的公共文化服务机构,更有大力发展建设的必要。另外,如何更充分有效地利用这些社会公共文化服务体系来开展社会儿童美育,也是一个需要高度重视的课题。像在市场经济的裹挟下,当今很多市、区青少年宫的课外知识补习功能被突出强化,而原本的素质教育推广作用被弱化,这应该如何看待和处理?这类问题都需要我们认真地思考和解答。

其次,要大力发展商业性儿童文化娱乐机构并加强监管和引导。国内目前各类商业性儿童游乐场、电玩城等发展迅速。像儿童主题乐园如上海迪士尼乐园的开办,各类大型商业综合体中室内动漫电玩城、室内溜冰场等儿童游艺机构的开办等,在一定程度上满足了部分儿童的游戏娱乐需要,甚至还吸引了不少的成年人。但这些商业性儿童文化游戏娱乐机构也存在不少问题,比如大多受国外动漫文化影响很深,民族文化特色不明显,而且由于对商业利润的追逐,还使这些机构大量存在着依靠声光等感官刺激吸引儿童的问题。如何通过监管和引导，让它们也能更好地发挥美育功能，以促进、引导儿童健康发展，是非常需要关注和重视的。

再次，社会儿童美育需要构建富有人文内涵的美丽城乡环境。城市、乡村的环境，包括道路、建筑、园林、古迹等景观也是对儿童实施社会美育的重要素材。在城市建设和人居环境改善中，对具有旅游开发价值的自然与人文景观，要将开发与保护相结合，体现审美方面的规划。尤其是那些承载历史内涵、民族文化的景观，更要悉心打造。同时在城乡规划和建设中，高度重视人文景观的设计和建设，街头雕塑、建筑壁画、园林绿化、非物质文化遗产的传承与保护等的城市审美文化活动，要充分注意它们对儿童美育的重要意义。

此外，社会儿童美育需要营造全社会富有审美情致的整体文化艺术氛围。社会总体的审美素养高，是促进儿童美育发展的重要保证。如果儿童在走出家门或者校门后，入眼的街道都干净整洁、绿化漂亮，店招别致而有文化内涵，路灯造型优美，街头雕塑、建筑、壁画精美，等等，置身于这样的赏心悦目的环境，无疑会让他们心情舒畅。街上的行人都衣着整洁得体，言谈举止优雅温婉，为人正直、善良，人际关系和谐，儿童置身于这样的环境，肯定也会自觉注意自己的言行，表现得彬彬有礼。而当儿童想读文学作品，就能很容易地在社区阅览室或者少儿图书馆找到，想去美术馆看展览、想去儿童剧院看木偶戏表演，等等，都能轻松实现自己的目标，这对提升他们的审美水平该是多么有益啊！

以社会公共文化服务系统为主体，以商业性儿童文化娱乐机构为辅助，同时注意社会城乡环境的美化，营造趣味纯正的社会审美文化氛围，可以为社会儿童美育的开展创造良好的环境。

推动社会儿童美育的顺利实施，也需要达成一些必要的共识。

第一，社会儿童美育需要引导儿童对社会主流审美价值观的接受。社会儿童美育作为由社会集体所主导的审美教育，突出的社会性特征是其重要标志。在社会儿童美育中，协调儿童群体和成人群体的关系,传播社会主流审美价值观念,引导儿童形成社会群体性、集体性的审美趣味,这对儿童健康成长,顺利融入社会具有积极作用。社会儿童美育与家庭儿童美育、学校儿童美育有所不同,它是儿童在走出家门、学校后的各种社会生活中所接受的审美教育。从美育功能上看,社会儿童美育是家庭儿童美育、学校儿童美育的有益补充。儿童美育的工作主要由学校美育、家庭美育所承担,但儿童发展离不开特定的社会环境,社会生活也是儿童生活的有机构成部分,社会儿童美育必然成为儿童美育的重要组成部分。

第二,社会儿童美育不是要培养艺术家。社会儿童美育的社会性特征决定了它不同于学校美育和家庭美育中对优秀艺术人才培养的关注,而是着眼于儿童群体性的审美陶冶和普遍性的审美素养提升。社会儿童美育不以提高儿童的艺术创作能力为终极目标,不是要培养少数几个艺术尖子,而是要陶冶所有儿童爱美的眼睛和心灵,使他们在生活中能够活用艺术,从小懂得艺术地生活。

第三,社会儿童美育需要系统的规划和普遍的共识。只有当美育成为社会集体意识,社会儿童美育才能真正顺利高效地开展。政府的系统规划、全民的自觉共识,是社会儿童美育开展的保障和基础。如果缺少了系统的规划协调,社会无法形成整体审美文化氛围,那么不仅社会儿童美育的效果会大打折扣,甚至学校儿童美育、家庭儿童美育的成果也会被削弱。儿童走出家门、校门后,如果面对的是城乡街道脏乱差,公园里没有优美愉悦的游玩环境,社会公共文化服务薄弱等,这对儿童审美修养的提升必然产生负面影响,抵消学校儿童美育、家庭儿童美育的成效。

比如杭州市作为全国著名的旅游城市,经过多年的建设和发展,它的社会审美文化环境在规划管理下已经比较优美和谐。整个建设有包括色彩、建筑高度、立面风格等关涉审美方面的规划管理。目前,杭州的城市市容市貌优美整洁,城市文化底蕴丰厚,市民公共文化服务机构完善,文化市场管理严格有序。同时,市民文化素质较高，城市总体文明程度较高，这就为儿童提供了良好的社会美育环境。漫步西湖、西溪、运河，满眼赏心悦目，历史遗迹丰富，道路干净整洁，儿童身处其中，潜移默化中就会受到良好的审美教育。

第四，社会儿童美育离不开尽职的监督管理和专业的审美批评。要高度重视儿童审美文化产品的生产、流通，认真重视儿童"心灵营养品"的审美效益和社会效益的和谐，警惕不良产品对儿童审美趣味的败坏，为社会儿童美育筑起牢固的"防火墙"。

当今文化市场上为追逐金钱利润而制造的不良文化产品并不少见。像电视台播放的一些动画片，存在着粗制滥造和不适宜于儿童的内容。像《虹猫蓝兔七侠传》中的暴力，《猪猪侠》中的夸张和粗俗，《喜羊羊与灰太狼》与《熊出没》中的一些低俗内容等。另外，一些电视台的真人秀节目中也存在着炫富等不良倾向，比如《爸爸去哪儿》中大量出现的奢侈品等。这些都需要相关的监督管理部门和专业人士给予精准科学的审美批评，以营造良好的社会儿童美育环境。

社会儿童美育需要全社会的共同努力，从而与家庭儿童美育、学校儿童美育有效呼应，共同实现对儿童发展的美育引导。

第七章
美育和当代儿童发展的反思与探索

后工业文明和高科技发展、市场经济和全球化,为当代儿童发展营造了新的语境。美育比以往任何一个时代,都更深度地介入儿童发展问题中。在美育维度下,儿童成长的现实目标与长远目标、科学指标与人文指标、理论维度与实践维度的关系,在今天远较过去复杂而重要,需要我们科学深入地予以研讨。

第一节　美育和当代儿童发展的
现实目标与长远目标

　　针对儿童发展的不同阶段进行有效适当的审美教育，以引领儿童发展的现实目标与长远目标的和谐，是儿童美育中一个需要研究的基本问题。

一、以美育引领儿童发展的现实目标和长远目标的统一

　　在儿童发展教育中，运用合理、明确的发展目标对儿童各方面的发展情况进行衡量评价，以及时发现问题进行适当调整，是极其重要的。

　　十八世纪后期，卢梭在教育小说《爱弥尔》中明确提出了"不能用成人的思维对待孩子，不能用成人的方法教育儿童的"主张，并针对儿童发展的婴幼、儿童、少年、青年等不同阶段，提出了"按年龄特征分阶段教育"的思想，成为现代教育史上的重要观点。

　　我国古代，人们把教育划分为"幼儿、蒙童、少年、青年和成年"的不同阶段，提出"幼儿养性、蒙童养正、少年养志、青年养德和成年立业"的主张，说明古人对儿童教育的阶段性、具体性、复杂性等也有一定的认识。

　　现实目标与长远目标，既有区别，又相辅相成。一方面，儿童发展在不同阶段的阶段目标与儿童发展的最终目标有所区别；另一方面，儿童发展的现实目标中其实暗含着对长远目标的理想追求，长远目标在根本上制约着现实目标，但又是由现实目标的不断达成而逐渐实现的。

　　儿童发展的现实目标与长远目标的统一，与儿童美育的现实目标和长远目标的统一，是呼应一致的。儿童美育的长远目标，是指通过美育使儿童成长为一个能够把审美与生活统一起来的"审美人"。

儿童美育的现实目标是指通过美育让不同年龄段的儿童获得相应的审美能力和审美素养。对儿童发展来说,儿童美育在总体上主要关注儿童发展的最终目标,即它非常关注如何通过美育功能的发挥,把儿童至少培养成完整和谐自由的主体。这个目标,需要对儿童胎儿期、婴儿期、幼儿期、狭义童年期、少年前期的不同时期,在审美情趣、审美态度、审美能力、审美胸襟的培养上予以关注,并且始终以把儿童培养成趣味脱俗、乐观进取,拥有和谐健康的创造性人格和完美人性为目标。

但是,儿童美育的现实目标与长远目标,与儿童发展的现实目标和长远目标,又不是简单等同的。因为审美活动在本质上是超功利的,它对于儿童发展的促进作用主要是在"润物细无声"中逐渐实现的,其终极目标是瞄准着培养"审美人"的长远目标。而儿童在不同时期的审美能力发展,则有其具体的特点。如根据心理学家对婴幼儿的视觉偏好的研究发现,"刚出生不久的婴幼儿就具有较大的本领,能够辨认非常多的东西,且能对图案做出精细分辨;婴幼儿偏爱注视复杂的图形,对人脸尤其是正常的脸形似乎更感兴趣"①。美国进步主义艺术教育家维克多·罗恩菲尔德(1903—1960)根据自己的研究,把儿童的绘画能力发展划分为六个不同阶段:涂鸦期(2—4岁),前图式期(4—7岁),图式期(7—9岁),写实萌芽期(9—11岁),拟写实期(11、12—14、15岁),青少年艺术期(15—17岁)。其中在涂鸦期还有从乱线涂鸦、有控制涂鸦到命名涂鸦的不同发展阶段。也就是说,儿童的审美发展在不同阶段的现实目标,是有相对的区别的。不能简单划一,也不能拔苗助长。若用功利性思维来看儿童发展和儿童美育的关系,就会造成两者关系的短视和浮躁。一些教师和家长对儿童发展和儿童美育中的现实目标,看得非常重,经常有意无意地忽视了长远目标。尤其是在当今市场经济社会普遍的功利化

———————

① 边玉芳等编著:《儿童心理学》,浙江教育出版社 2009 年版,第71—72页。

倾向进一步强化的形势下,儿童美育中的功利与短视的问题,应当引起人们的高度重视。

二、拨正当代儿童美育实践的短视与浮躁

今天,儿童美育的功利化现象,在艺术教育中表现得最为明显。艺术教育作为儿童美育的主领域,具有突出的可操作性,教育效果较为明显,这也导致儿童美育中的问题,在儿童艺术教育中比较集中直观地呈现出来。在儿童艺术教育中,部分教师和家长忽视儿童美育的长远目标的根本性作用,只重视现实目标的高效达成,并期待儿童艺术教育直接的现实效用,如考级、升学、获奖等,这使得当前的儿童艺术教育实践,衍生了严峻的短视、浮躁等异化现象,亟待予以拨正。

首先,要拨正以技巧学习、技能培训为目标的艺术教育实践。

艺术技巧的学习可以说是儿童美育的必要现实目标。艺术技巧的积累与艺术技能的培养,是艺术素养提升的基础之一,良好的艺术感觉与审美情感都需要艺术技巧的传达和艺术技能的表现。但儿童艺术教育若以技巧技能为根本目的,就会本末倒置,把生动、高雅的艺术熏陶等同于指法、用笔的机械训练,完全背离了儿童美育的根本使命、长远追求。

古往今来,拥有一定的创作技巧和表演技能,却内心卑俗的艺匠,并非罕见。正如金代诗人元好问在《论诗》三十首第六首中所讽刺的:"心声心画总失真,文章仍复见为人。高情千古闲居赋,争信安仁拜路尘。"潘岳之流的文品与人品的矛盾,无疑与他们仅仅具有外在的艺术技巧,而并不真正拥有审美的人格有着莫大的关系。还是丰子恺先生的论断精当,"倘只有技术而没有美德,其人的心手固然巧妙,但不能称为艺术家。他们只是匠人。现今多数人的误谬,就是错认匠人为艺术家。故艺术必须兼有巧妙的形式和可贵的内容,即

艺术家必须兼有技术和美德"①。因此,艺术需要技巧技能,但绝不只是技巧技能,审美人格才是艺术活动中的根本性因素。

在儿童美育和艺术教育中,家长们、教师们应牢固地确立审美人格高于技巧、技能的意识。儿童艺术教育要更注重艺术技巧背后所传达出的审美情感,更为重视儿童审美人格的养成,特别是要使儿童养成一种能够把生活与艺术统一起来的审美人格,这才是艺术美育的真谛。应该真正让艺术美育感染到儿童的内心,真正完满其心。当儿童能够在艺术活动中直接体验人生,能够在人生中处处捕捉到艺术时,技巧技能亦将水到渠成。仅仅局限于艺术知识与技能训练的艺术教育忽视的正是这一点。单纯艺术技能的学习不仅容易造成儿童对美的理解过于肤浅单一,限制了他们的想象力和创造力,还容易使天性活泼的儿童讨厌艺术教育,因为技术技能的机械性练习与艺术本性、儿童天性都是相矛盾的。所以,单纯的技能技巧练习会让功利心污染了儿童的纯洁心灵,从而在根本上违背了儿童美育的长远目标。

其次,要改革以考级、升学为目的的艺术教育实践。

不能正确地把握儿童艺术教育的现实目标与长远目标的辩证关系,还产生了把艺术考级或者服务于升学,直接当作儿童艺术学习的目的的极端功利化现象。有些家长利用艺考加分的政策,想通过艺术教育的途径为孩子升学增加砝码。有些家长则认为孩子文化课不够好,只有通过艺考来迂回升学。这些错误的功利化美育观念,极大地误解了艺术的真谛。

艺术等级考试通过给儿童提出阶段性的艺术学习目标,引导他们科学地进行艺术学习。通过提供规范性的、权威性的学习成绩鉴定,指出儿童艺术学习中的问题,给予科学的指导。这些对提高儿童艺术学习的成绩,辅助儿童美育的发展,是有一定的作用的。但把考

---

① 《丰子恺文集·艺术卷四》,浙江文艺出版社、浙江教育出版社1990年版,第19页。

美育与当代儿童发展

级或者服务于升学看作儿童艺术教育的根本目的,这种把艺术当作功利敲门砖的做法,无论如何都培养不出真正的艺术爱好者,更遑论真正的艺术家。真正的艺术映照着高远的心灵。儿童艺术教育只有在牢记审美人格的陶冶这一长远目标的前提下,才能真正涵育出高远的心灵。否则,所谓的艺术才艺只会是人身上可有可无的装饰,与人的心灵和人格完全无关。众所周知,"二战"期间的纳粹分子在对犹太人进行了惨无人道的大屠杀后,还组织音乐会,在小提琴演奏和曼妙的舞姿中消遣残忍,这绝对是对人类艺术的亵渎。法国著名电影导演吕克·贝松执导的著名影片《这个杀手不太冷》中,演员加里·奥德曼扮演的恶警诺曼·史丹菲尔听着贝多芬的《命运交响曲》,和着古典名曲的旋律节奏,用机枪来血洗玛蒂达一家。这种后现代荒诞场景深刻地揭示了未能触及心灵和灵魂的艺术活动,实际上是对人性的反动和亵渎的本质。

艺术教育亟须从根本上摒弃种种功利化的艺教、艺考思维,真正让孩子从艺术的学习中获得心灵的慰藉与精神的提升。要坚决避免用短期实用目标取代长远价值目标的急功近利的错误倾向,正确引领儿童美育的健康发展。

再次,要反思虚荣攀比和盲目跟风的艺术教育实践。

在儿童美育中,还有一种现象也需要引起注意。有些家长看到别人家的孩子在学习艺术,不管自己的孩子有无兴趣,出于虚荣攀比和盲目跟风,也让自家的孩子去学习。别人的孩子课外学画画,自己的孩子就去学书法。别人的孩子学钢琴,自己的孩子就去学小提琴。别人的孩子钢琴拿到了业余八级证书,自己的孩子就要拿到业余十级证书。别人家买了国内的名牌钢琴,自己就买国外名牌钢琴。这种肤浅无聊的攀比心理和跟风行为,在当今国人的儿童美育实践中也不罕见。

虚荣攀比和盲目跟风的艺术教育实践,既没有切实针对每个孩子的实际情况,也没有长远的规划,往往是三分钟热度,很难取得成效。究其根本原因，这种攀比与跟风产生于对儿童艺术教育陶冶审美人格的长远目标的无知与漠视。部分家长并不清楚艺术与精神的本质关联，把艺术视为一种光鲜的点缀。他们觉得所谓的艺术修养和给孩子买名贵服饰、生活用品一样，只要花钱就可以产生效果。这种惊人的肤浅与无知，清楚地说明了在理论上正确认识儿童艺术教育的现实目标与长远目标的辩证关系的重要性。

以上种种急功近利的观念和做法，严重影响了儿童美育的正常开展，使其积极作用难以有效发挥。在理论上，正确认识和理解儿童美育的长远目标和现实目标的辩证关系，认识和理解长远目标对现实目标的引领作用，是扫除儿童美育活动中的短视与浮躁的基础。儿童美育长远目标的实现是一个长期的过程，需要依靠现实目标的不断达成和持续努力而最终实现。

我国目前正处于社会、经济、文化转型的特殊历史时期，儿童美育既需要确立面向当下的现实目标，也需要确立卓越高远的长远目标。以长远目标为引领，不断根据新情况新变化对现实目标做出调整，持续地从现实目标向长远目标迈进。美育本身是一种潜移默化的教育，在儿童美育中更要重视"无痕教育"，在春风化雨中静待花开，使儿童美育的现实目标和长远目标达到完美的统一。

第二节　美育和当代儿童发展的
科学指标与人文指标

　　以美育引领儿童发展的科学指标和人文指标的统一，也是儿童美育的重要任务之一。儿童发展的科学指标，是指衡量儿童生理、认知等发展状况的客观量化指标，它具有明确性、标准化、易操作等特点。儿童发展的人文指标，是针对儿童的情绪发展、创造力培养、人格形成等非量化因素，所确立的富有弹性的模糊性指标，它在具体运用时需要灵活的判断与敏锐的把握。

一、重视美育对儿童发展的人文指标的引导

　　儿童发展包括生理的发育，也包括以智商、情商、道德水平为核心的精神能力的发展。当今市场经济的繁荣所带来的拜金主义泛滥和人文精神萎缩，要求在儿童发展中加强人文素养和情商等的培养。如果说生理发育和智商水平可以通过明晰的科学指标来评判的话，人文素养和情商的培养则主要依靠人文指标来衡量，没有明确的量化标准。科学指标和人文指标，都需要密切关注，综合考量。如对儿童生理发育和身体健康程度的医学科学评判。不同年龄阶段的儿童，甚至还在母亲子宫内的胎儿都有相应的体检指标，科学地利用这些指标是呵护儿童健康成长的重要手段。通过严格细致的体检，及时发现儿童在成长中的健康问题，通过补充营养、调整饮食、医学治疗等措施，才能更好地促进儿童的健康成长。如不能及时发现儿童发育中的问题，错过最佳的调整时机，有可能对儿童的一生都带来不良影响。事实上，精神的涵育和情商的培养，也同样如此。科学指标因为明确、标准，易于运用，一直以来受到儿童发展研究的重视，而人文指标则因运用上的复杂性及社会文化的功利化倾向，容易被忽视。
　　美育是儿童发展评价的人文指标的重要代表。客观地说，审美

活动作为感性活动,离不开人的视听等感官的感知,即审美是需要相应的生理基础的,但审美活动并不是纯生理性的,而主要属于人的精神文化活动。这决定了美育主要与人的情感能力、联想想象、理性直觉、人格境界等人文素养相关。儿童美育的核心就是要通过对儿童审美情感的陶冶和审美观的引导,涵育儿童的审美态度和审美心灵,并推动智力、道德力、审美力的互动发展。所以,儿童美育只与儿童发展评价中的部分科学指标有关,总体上属于儿童发展评价的人文指标体系。而且由于审美活动在人的精神活动中处于认识与道德之间,起着重要的沟通认识与道德的中介作用,这就使审美在人的精神活动中具有特别重要的意义。在儿童发展评价的指标中,儿童美育完全可以被看作人文指标的典型代表。

1999 年,《中共中央国务院关于深化教育改革全面推进素质教育的决定》提出要把学生培养成"德智体美劳"全面发展的社会主义事业建设者和接班人,明确提出了审美教育和素质教育的目标。但进入新世纪已经 20 多年了,对于儿童美育的一些基本问题的认识还存在着很大争议。包括对美育实践和儿童发展中的人文指标的关系问题,认识不到位,评价不明确,这就影响到美育的人文指标在儿童发展评估中的导向、评判等作用。

目前,对美育与儿童发展的人文指标关系的认识,存在的误区主要有:

第一,对儿童美育性质理解的模糊,存在着智育化、德育化、技能化、功利化、贵族化等错误认识。最关键的就是不承认美育的独立性,把美育视为智育的手段或德育的工具等。尤其把美育与德育混淆,是我国儿童美育甚至是成人美育中最为常见的偏误。德育以品德培育为核心,美育以情感涵育为中心。美育可以增强德育的效果,也可削弱德育的影响,但把两者相混淆,则使美育偏离了自身的轨道,其效用难以完全发挥。

承认儿童美育的独立性,同时正确认识儿童美育中形式感知能力、联想想象能力、情感判断能力、理性直觉能力等审美能力构成要素培养的规律性和独特性,结合儿童发展的客观实际,努力使儿童情感、智能、人格等的培养,既尊重其科学性,又探索其特殊性,发挥美育在其中的具体而不可替代的作用,必然是儿童美育研究的重要课题。

第二,对艺术本质理解的偏差,导致了儿童艺术美育观念的错误。儿童艺术美育是儿童美育的主体部分,这是由艺术美的特点、性质、作用等所决定的。艺术美不仅需要艺术家的技巧和匠心,也需要艺术家的生命体验与感悟,需要艺术审美人格的底蕴。因此,儿童的艺术教育不能停留于艺术技巧的学习和艺术技能的训练上,而应当高度重视对儿童的审美的心境和审美的人格的陶冶。把艺术教育狭隘地认定为技巧、技能教育,导致将教授绘画、声乐、舞蹈等艺术直接等同于艺术技巧、技能的培训,这就把儿童艺术教育课程变成了创作或表演技艺的训练,忽略了美育的人文特质。这种艺术美育观念的偏差导致了教学方式方法的机械化,使儿童成为机械的学习工具,贻害匪浅。

第三,应试教育与功利心理泛滥,儿童美育深受升学指挥棒的打压。以儿童美育为代表的儿童发展的人文指标的不被重视,与当今儿童教育中强烈的功利化倾向是密不可分的。儿童发展中的科学指标,属于明确的标准化指标,更具明确的标的和具体的可操作性,但儿童美育等相关人文指标则不然,其标准的一定模糊性和弹性度,决定了相关的儿童教育努力不容易见效。在当今高度功利化的社会文化背景中,中小学校注重的是与升学相关的考试科目教学,注重升学率,美育课程大量压缩。例如美术、音乐、戏剧等课程课时量很少,有时还会被所谓的"主科"挤占掉。我国农村中小学中,这种情况更为严重。学校不重视,师资缺乏,教具不全,教学方法落后,很多学校甚至根本就放弃了开设美育课程。

二、以美育推动当代儿童发展的人文指标的强化

针对以上问题,提升美育理念,切实研究和推动以美育为重要代表的儿童发展的人文指标的强化,是一个迫切而现实的课题。

首先,要正确认识儿童美育的内涵及其对儿童发展的意义。

对儿童美育的内涵及其意义的深刻认识,对儿童发展的全面科学的理解,是我们在儿童发展中发掘、实现儿童美育价值的必由之路。儿童美育对儿童发展来说,不是工具、媒介,它本身就是独立的,是儿童精神发展中的核心要素。培养儿童的审美能力,陶冶儿童的审美人格,引导儿童把生活与审美统一起来,实现人生的审美化,这是儿童美育的核心内涵,对儿童的全面发展有着根本性的促进作用。儿童发展的科学指标中所涉及的儿童生理发展、认知发展等,与儿童美育的成效也有密切关联。这在前文关于体育与美育、智育与美育、德育与美育的关系中,已有论及。

其次,要努力推动儿童美育的人文指标的科学研究。

儿童发展中的人文指标与科学指标相比较,确实具有一定的弹性和模糊性,不是非常明确的标准化的指标。但儿童美育中的有些内容还是有一定的明确化、标准化的提升空间的。如儿童的视听感知觉的发展,就有一定的客观的发展规律,这就使得儿童的绘画、音乐等审美能力的提升,在儿童发展的不同阶段呈现出一定规律和特点,可以通过科学的研究来探索和总结。此外,儿童审美能力中的形式感、情感力、想象力等,也可以与儿童心理研究相结合,探讨其科学的一般的规律。对儿童美育的科学化研究,可以使儿童发展的人文指标的研究,更为深入和深刻。

此外,要切实提高儿童的审美能力。

儿童美育中的人文指标,尽管在评判的科学性上,存在着一定的困难,但切实提高儿童的审美能力,是儿童美育的基础目标,也是儿童美育人文指标实现的重要基石。

提升儿童的审美能力，首先是提高儿童审美感知的敏锐性。促进儿童对自然、生活、艺术中丰富多姿的美的事物和审美现象的审美敏感度，让儿童在拥抱自然、体验人生、领悟艺术中，最大可能地开发提升他们的各种感觉器官及其感知功能。儿童的感知能力有一定的先天性，即不同的儿童在感知能力方面会稍有差异，如一些儿童天生视觉敏锐或者天生听觉灵敏；但感知能力更主要的是一种文化能力，是可以经由后天的审美文化陶冶提升的。如美术训练可以让人的视觉审美感知能力突出，而音乐训练则能够提升人的听觉审美感知能力等。另外，还要着力培养儿童鉴赏美的能力。包括美学常识的教学，自然美和社会美的品鉴，艺术欣赏的练习和艺术创作的尝试等。其中，欣赏艺术经典作品是培养审美鉴赏力的捷径之一。比如引导儿童经常去博物馆、美术馆，去欣赏绘画或者雕塑；或者经常去听音乐会、朗诵会等，这都是提升儿童审美鉴赏能力的具体途径。

当今时代，种种大众文化与流行文化盛衍，种种消解、颠覆、戏说，也使得儿童美丑辨识能力的培养引导，迫在眉睫。在后现代解构思潮的影响下，人们消解崇高与神圣，以往的很多艺术杰作被戏仿、颠覆，审美变成了审丑。比如文学领域，人们对鲁迅作品的解构就是比较典型的。应当说，以往的革命战争年代，人们把鲁迅"神化"，确实有一定的偏颇；但当今时代，向鲁迅泼污水，把鲁迅的作品驱逐出中小学语文教材，无疑也是一种肤浅。再如美术领域中，人们推崇的是杜尚的《泉》，是杜尚的给达·芬奇的"蒙娜丽莎"添上小胡子的《带胡须的蒙娜丽莎》。杜尚的艺术创作有其美术史的意义，但对儿童美育来说，这些作品明显不是合适的选择。

再次，要努力培养儿童美好的心灵与高洁的情趣，陶冶其审美人格。人的存在有以心灵、精神等为主要要素的直接关涉存在本质的方面和以形貌言行等为主要要素的间接关涉存在本质的方面。儿童发展的人文指标与人性、人格、人的创造性等关联人的存在本质的内容距离紧密，科学指标所要评价、衡量的内容与人之为人、人是怎样的人的存在本质距离相对间接。从这一角度来说，人文指标是儿童发展更具本质意义的尺度。

儿童美育以陶冶儿童的审美人格为最终目标，这是儿童美育作为儿童发展人文指标的关键所在。因此，家长、教师和所有的儿童美育工作者都需要始终牢记这一关键。

现代社会，工作需要人们具备专业的技能，竞争需要人们具有良好的人际关系。竞争与合作，要求人们既有独立性，又不能缺乏团队意识。这使得独立而亲和、聪明而友善的人成为现代职场的宠儿。智商高而情商低，情商高而智商低，或者光有情商智商，缺乏优良的意志和品德，都不可能在社会中获得良好发展。这就需要我们从儿童的基础教育抓起，重视和关注美育，发挥美育在儿童教育中的独特作用，推动儿童教育的科学提升，并最终实现儿童发展的长效目标。

重视和关注人文指标与科学指标的互促互动，必然成为儿童美育研究和发展实践的重要课题。

第三节　美育和当代儿童发展的
实践维度与价值维度

美育是一种实践维度和价值维度相统一的活动。儿童美育离开了儿童发展的实践，就是空中楼阁。儿童美育如没有价值的灯塔，也不可能真正引领儿童发展的高度。

儿童年龄小，知情意各方面都在发展之中，让他们去学习抽象的美学知识有很大的难度。单纯的知识学习，很难触动儿童的生命感受，学习的效果就会打折扣。在儿童美育中，唱跳听说画舞结合，知识学习和创造欣赏结合，审美实践和人格陶冶结合，是以美育促进儿童发展的有效路径。

让儿童发现自己、感受自己、悦纳自我。在学业顺利时，在生活幸福时，能够把自己心中的爱与美，与他人共享。在遭遇挫折时，在学业平凡时，也能够发现感受生活中的美和乐趣，阳光面对世界。这就是美育和当代儿童发展的实践维度与价值维度相统一的追求。

一、以美育引领当代儿童发展的价值维度的确立

当今时代是高科技、信息化的时代，全球性的现代变革，使儿童发展和教育实践面临与以往全然不同的新环境、新问题。

科学推动人类俯瞰世界，审美旨在让人向内深耕。随着现代社会的发展，人们在各种客观的冰冷的数量指标中逐渐迷失自己，人与人之间的人情味变淡，知觉与感觉逐渐麻木。这是人不断向外"扩张"的必然结果。全球化拉近了不同国家、不同民族的空间距离，把整个世界变成小小的地球村，同时也使国家与国家、民族与民族、人与人之间的利益冲突变得尖锐突出，造成了国家、民族、地域的巨大分化。亲近与疏离、亲密与冷漠等矛盾情感的错综纠缠，给许多人带来巨大的情感困扰。在这种时代背景下，当今教育的一个重要使命

就是要重新确立文化信仰、情感信仰、价值信仰。

儿童发展中,引导儿童超越单纯的各种知识学习,通过学农、学工等的社会实践去尝试性地制造、创造能够满足他人需要的物品,这种感性的生命创造实践活动能够使儿童体验到自己的生命存在对他人的意义,从而体验到自己的生命价值,培养起自己的生命尊严。在现实生活中体验生命的成败,提高生命的强度和韧性;去体验社会角色对人的要求,转变自我中心的思想行为方式;去关注、关心他人(民族的、人类的人)的生活生命状态,初步形成自己相对健康合理的人生观、世界观和价值观。这些活动都使儿童在其中孕育出自己的文化信念、情感信念和价值信念,同时又反过来以这些信念为精神支撑的重要途径。儿童的发展不应仅以具备社会专业技能为目标,生活观、世界观和价值观的"三观"健康,是儿童发展的重要维度。儿童美育在此过程中,可以起到重要的引导、推动作用。儿童美育中的审美对象,自然美、社会美、艺术美都直接或间接地反映着民族的、人类的精神文化的特征和创造。儿童的理解能力较低,能够接受的文化理念不可能很复杂,但通过儿童美育的引导,能够帮助儿童初步感知理解自己民族包括人类的某些文化的特点和理想。

如果说在科学研究中,一定的价值约束是避免科学研究走向歧途的重要制约,一定的价值信念是保障科学走向成功的必要动力。在儿童发展实践中,审美价值维度的确立,同样是避免儿童发展、儿童美育实践走向歧路和取得成效的重要保障。因为价值观念是引导、制约实践活动的核心观念因素。而正如桑塔耶纳所说的,"美是一种价值"[1],而且"所有价值从某方面说都是审美价值","一切价值都不可避免地还原为直接欣赏,还原为感性的或生机的活动"。[2] 所以,儿童美育通过影响儿童审美价值观念的确立,对儿童美育实践和

---

[1] 乔治·桑塔耶纳:《美感》,缪灵珠译,中国社会科学出版社1982年版,第14页。

[2] 乔治·桑塔耶纳:《美感》,缪灵珠译,中国社会科学出版社1982年版,第19—20页。

美育与当代儿童发展

儿童发展实践都具有重要的影响作用。

另外,美育作为"情感教育",直接与价值需要相关联,在人的精神发展中有着特别重要的根本意义。所以,在当代儿童美育中,将实践需求和价值维度相统一,是美育工作者必须高度重视的问题之一。

二、以美育推动当代儿童发展的实践维度和价值维度的良性互动

受实用主义文化传统和当代功利主义文化的影响,我国当代儿童发展教育仍是一种偏于量化标准的操作性教育,儿童美育实践在一定程度上也跌入了艺术技巧学习、艺术技能培养的操作性陷阱。对于当前儿童发展中实践维度和价值维度的互相促进缺乏深刻的认识,亟待纠正。

首先,培养儿童的高雅情趣、陶冶儿童的审美人格,是美育的核心目标,也构成了当代儿童发展的最高理想。我国当前的儿童发展实践,总体上看仍深受偏重知识教育倾向的负面影响。在入读小学之前的婴幼儿阶段,尊重婴幼儿的活泼天性,让他们在游戏活动中自由成长,还能够赢得一些家长和教师的认同。但从入读小学开始,我国儿童就陷入了知识学习的苦海,在升学压力下的高强度机械性知识学习就成了儿童的日常生活。偶尔的假日出游或者周末游戏,也常常是继续服务于增长知识的目的。儿童的素质教育仅仅停留于培养孩子的才艺技能上,缺乏对儿童人格的关注,成为异化了的儿童美育。

即使家长和教师对儿童的整体素质、性情性格等有所关注,也仅仅是停留于一些局部上的就事论事,如孩子对人是不是讲礼貌、生活中能不能自理等,很少能上升到整个生命教育的层面上来考察。儿童美育关注儿童能否把生活和审美统一起来,关注儿童的精神、心灵、人格,这就构成了对儿童发展的根本性的价值关怀,是儿童发展实践中不可或缺的具有根本性意义的维度之一。

其次,美育作为以情感教育为中心的综合性教育,能够很好地促进儿童的情绪发展和个性完善,成为推动儿童全面发展的重要动力。

拥有丰富的情感经验是提升儿童情感能力的重要途径。"情欲的力量之所以能缓和,一般是由于当事人解脱了某一种情感的束缚,意识到它是一种外在于他的东西(对象),他对它现在转到一种观念性的关系。艺术通过它的表象,尽管它还是在感性世界的范围里,却可以使人解脱感性的威力。"[①]每个人在生活中的情感经验都是有限的,儿童还未踏入社会,人生经历简单,更是如此。艺术审美活动为儿童提供了各种各样的情感经验,了解、熟悉这些情感经验,有利于儿童更好地理解、把握、驾驭自己的情感活动。梁启超说:"情感教育最大的利器,就是艺术:音乐、美术、文学这三件法宝,把'情感秘密'的钥匙都掌住了。艺术的权威,是把那霎时间便过去的情感,捉住它令它随时可以再现;是把艺术家自己'个性'的情感,打进别人的'情阈'里头,在若干期间内占领了'他心'的位置。"[②]梁启超强调了艺术情感教育的作用机制,值得我们重视。

儿童美育的情感训练可以很好地提升儿童的"情绪能力"。从最初直接的情绪反应到需要认知特别是理性意识参与的情绪调控,都属于情绪能力的范围。抑制愤怒、失望等不良情绪,根据特定的社会情境适当地调整开心、狂喜等积极情感的情感强度,需要儿童不断地提升自己的情绪调控水平。经常性的艺术活动能帮助儿童培养对不同情感活动及其微妙变化的感知把握。情感经验的丰富和持续不断的审美陶冶,可以使儿童在艺术审美活动中逐渐提升自己的情绪能力,形成良好的情感胸襟。

此外,在美育实践中培养儿童的审美人格,是儿童美育的终极价值。

① 黑格尔:《美学》第一卷,朱光潜译,商务印书馆1979年版,第61页。
② 金雅主编:《中国现代美学名家文丛·梁启超卷》,浙江大学出版社2009年版,第102页。

儿童美育的价值目标不明确,导致儿童美育实践中存在着各种错误的美育观念,及其机械化、功利化的畸变。如种种浮躁疲累的机械化艺术技巧训练,就从根本上偏离了儿童美育的价值维度。儿童美育中的这种"美育技能化"的毒瘤,一定要及早根除。

儿童美育实践要讲究方式、方法,要从美育的价值本性出发,来设计相应的教育方式和策略,采取合理科学的评价标准。无论是春日远足,还是秋日登高,无论是看画展,还是听音乐会,无论是学钢琴还是弹古筝,其作用都无法立竿见影,但在这种潜移默化中对儿童审美素养的提升,比单纯的艺术技巧训练要深刻得多。儿童美育工作者,一定要摆脱艺术技能培训的美育观念,让儿童从根本上理解艺术学习是一种修养心性的活动。儿童美育工作者,包括家长和社会,都需要多一些耐心,少一点浮躁,多一些情怀,少一些功利。

另外,引导儿童在日常生活实践中热爱美、追求美,是落实美育对儿童发展实践引领的重要价值内容。儿童见人有礼貌,与人友善,这不只是道德修养的问题;儿童讲卫生,衣着整洁得体,也不只是生活习惯的问题。真善生美,在我们努力追求的儿童审美人格中,已经包含着道德的尺度和知性的内涵。

得技明道,技道相成,使儿童美育实践回归正途,使儿童发展实践取得实效,需要儿童美育的实践维度与价值维度的良性互动,需要家庭、学校、社会的共同努力!

参考文献

R.默里·托马斯:《儿童发展理论》,上海教育出版社 2009 年版。

詹姆斯·O·卢格:《人生发展心理学》,陈德民等译,学林出版社 1996 年版。

维克多·罗恩菲尔德:《创造与心智的成长(修订版)》,王德育译,浙江人民美术出版社 2019 年版。

艾里克·杰森:《艺术教育与脑的开发》,董奇译,中国轻工业出版社 2005 年版。

弗朗索瓦兹·多尔多:《儿童的利益》,王文新译,上海社会科学院出版社 2012 年版。

克莱尔·格罗姆:《心理学家看儿童艺术》,石孟磊等译,世界图书出版公司 2011 年版。

加雷斯·B.马修斯:《童年哲学》,刘晓东译,生活·读书·新知三联书店 2020 年版。

A.C.马卡连柯:《家庭和儿童教育》,丽娃译,上海人民出版社 2016 年版。

苏霍姆林斯基:《和青年校长的谈话》,赵玮等译,上海教育出版社 2009 年版。

卢梭:《爱弥儿》,李平沤译,商务印书馆 1978 年版。

康德:《判断力批判》,邓晓芒译,人民出版社 2002 年版。

席勒:《席勒散文选》,张玉能译,百花文艺出版社 1997 年版。

席勒:《审美教育书简》,冯至等译,人民文学出版社 2022 年版。

柏拉图:《柏拉图文艺对话集》,朱光潜译,人民文学出版社1963年版。

黑格尔:《美学》第一卷,朱光潜译,商务印书馆1979年版。

蔡元培:《蔡元培教育文选》,人民教育出版社1980年版。

陈秀云、陈一飞:《陈鹤琴文集》,江苏教育出版社2007年版。

丁秀娟:《幼儿美育》,甘肃科技出版社1988年版。

张卫民:《儿童艺术教育创新论》,高等教育出版社2003年版。

许卓娅:《学前儿童艺术教育(第三版)》,华东师范大学出版社2020年版。

杜莹:《博物馆儿童美育:让儿童感知博物馆的"美"》,科学出版社2020年版。

周星:《孩子的第一堂美育课》,中国水利水电出版社2021年版。

王新:《给孩子的七堂艺术课》,广西师范大学出版社2022年版。

李凌:《自然的美育》,清华大学出版社2021年版。

刘绪源:《美与幼童》,江苏凤凰少年儿童出版社2017年版。

孙俊三、谢丽玲:《当代大众文化与青少年审美教育》,中国人民大学出版社1993年版。

边霞:《儿童艺术与教育》,江苏凤凰教育出版社2015年版。

钱初熹:《美术教育促进青少年心理健康》,上海文化出版社2007年版。

邹琳玲:《儿童美育活动的结构与原理》,中国社会出版社2021年版。

尹爱青等:《外国儿童音乐教育》,上海教育出版社2011年版。

刘晓东:《儿童教育新论》,江苏教育出版社2008年版。

刘晓东:《儿童精神哲学》,南京师范大学出版社1999年版。

边玉芳等编著:《儿童心理学》,浙江教育出版社2009年版。

教育部师范教育司编:《幼儿心理学(第2版)》,北京师范大学出版社2017年版。

苏碧洋主编：《小学生心理学》，厦门大学出版社 2011 年版。

张丽华：《儿童自尊的发展与促进》，时代出版传媒股份有限公司/安徽教育出版社 2011 年版。

陈戍国点校：《四书五经》，岳麓书社 2002 年版。

聂振斌：《中国古代美育思想史纲》，河南人民出版社 2004 年版。

聂振斌：《文化本体与美学理论建构》，首都师范大学出版社 2010 年版。

聂振斌：《艺术化生存》，四川人民出版社 1997 年版。

赵伶俐、汪宏：《百年中国美育》，高等教育出版社 2006 年版。

钟仕伦、李天道：《中国美育思想简史》，中国社会科学出版社 2008 年版。

俞玉滋主编；张援副主编：《中国近现代美育论文选（1840—1949）》，上海教育出版社 2001 年版。

曾繁仁：《美育十五讲》，北京大学出版社 2017 年版。

金雅主编：《中国现代美学名家文丛》，中国文联出版社 2017 年版。

金雅主编：《蔡元培梁启超与中国现代美育》，中国言实出版社 2014 年版。

金雅：《人生艺术化与当代生活》，商务印书馆 2013 年版。

童庆炳：《现代心理美学》，中国社会科学出版社 1993 年版。

寇晓燕：《尚美育人》，湖北人民出版社 2016 年版。

赵伶俐、章新建：《高校美育》，西南师范大学出版社 1995 年版。

章新建、杨春鼎：《学校美育》，安徽教育出版社 1989 年版。

冉新华：《美育与创造力》，河南人民出版社 2004 年版。

蒋冰海：《美育学导论》，上海人民出版社 1990 年版。

杜卫：《美育论》，教育科学出版社 2014 年版。

李天道：《美育与美育心理》，中国书籍出版社 2019 年版。

黄良：《现代美育范畴建构》，中国社会科学出版社 2004 年版。

附　录

蔡元培　美育与人生

王国维　论小学校唱歌科之材料

丰子恺　儿童画

雷家骏　儿童的艺术生活

既　澄　小学校中之美育

朱允宗　小学校美育训练法

陈鹤琴　幼稚生应有的习惯和技能表

美育与人生

蔡元培

人的一生，不外乎意志的活动，而意志是盲目的，其所恃以为较近之观照者，是知识；所以供远照、旁观之用者，是感情。

意志之表现为行为。行为之中，以一己的卫生而免死、趋利而避害者为最普通；此种行为，仅仅普通的知识，就可以指导了。进一步的，以众人的生及众人的利为目的，而一己的生与利即托于其中。此种行为，一方面由于知识上的计较，知道众人皆死而一己不能独生；众人皆害而一己不能独利。又一方面，则亦受感情的推动，不忍独生以坐视众人的死，不忍专利以坐视众人的害。更进一步，于必要时，愿舍一己的生以救众人的死；愿舍一己的利以去众人的害，把人我的分别，一己生死利害的关系，统统忘掉了。这种伟大而高尚的行为，是完全发动于感情的。

人人都有感情，而并非都有伟大而高尚的行为，这由于感情推动力的薄弱。要转弱而为强，转薄而为厚，有待于陶养。陶养的工具，为美的对象，陶养的作用，叫作美育。

美的对象，何以能陶养感情？因为他有两种特性：一是普遍；二是超脱。

一瓢之水，一人饮了，他人就没得分润；容足之地，一人占了，他人就没得并立；这种物质上不相入的成例，是助长人我的区别、自私自利的计较的。转而观美的对象，就大不相同。凡味觉、臭觉、肤觉之含有质的关系者，均不以美论；而美感的发动，乃以摄影及音波辗转传达之视觉与听觉为限，所以纯然有"天下为公"之概；名山大川，人人得而游览；夕阳明月，人人得而赏玩；公园的造像，美术馆的图画，人人得而畅观。齐宣王称"独乐乐不若与人乐乐"；"与少乐乐不若与众乐乐";陶渊明称"奇文共欣赏";这都是美的普遍性的证明。

植物的花,不过为果实的准备;而梅、杏、桃、李之属,诗人所咏叹的,以花为多。专供赏玩之花,且有因人择的作用,而不能结果的。动物的毛羽,所以御寒,人固有制裘、织呢的习惯;然白鹭之羽,孔雀之尾,乃专以供装饰。宫室可以避风雨就好了,何以要雕刻与彩画?器具可以应用就好了,何以要图案?语言可以达意就好了,何以要特制音调的诗歌?可以证明美的作用,是超乎利用的范围的。

既有普遍性以打破人我的成见,又有超脱性以透出利害的关系;所以当着重要关头,有"富贵不能淫,贫贱不能移,威武不能屈"的气概;甚且有"杀身以成仁"而不"求生以害仁"的勇敢;这种是完全不由于知识的计较,而由于感情的陶养,就是不源于智育,而源于美育。

所以吾人固不可不有一种普通职业,以应利用厚生的需要;而于工作的余暇,又不可不读文学,听音乐,参观美术馆,以谋知识与感情的调和,这样,才算是认识人生的价值了。

(1931 年前后作,选自《蔡元培全集》第七卷,浙江教育出版社1997 年版)

论小学校唱歌科之材料

王国维

今日教育上有一可喜之现象,则音乐研究之勃兴是也。二三年来,学校唱歌集之出版者,以数十计。大都会之小学校,亦往往设唱歌一科,至夏期音乐研究会等,时有所闻焉。然就唱歌集之材料观之,则吾人不能不谓提倡音乐研究。音乐者之大半,于此科之价值,实尚未尽晓也。

夫音乐之形而上学的意义(如古代希腊毕达哥拉斯及近世叔本华之音乐说),姑不具论,但就小学校所以设此科之本意言之,则:(一)调和其感情,(二)陶冶其意志,(三)练习其聪明官及发声器是也。(一)与(三)为唱歌科自己之事业,而(二)则为修身科与唱歌科公共之事业。故唱歌科之目的,自以前者为重;即就后者言之,则唱歌科之补助修身科,亦在形式而不在内容(歌词)。虽有声无词之音乐,自有陶冶品性、使之高尚和平之力,固不必用修身科之材料为唱歌科之材料也。故选择歌词之标准,宁从前者而不从后者。若徒以干燥拙劣之词述道德上之教训,恐第二目的未达,而已失其第一之目的矣。欲达第一目的,则于声音之美外,自当益以歌词之美。而就歌词之美言之,则今日作者之自制曲,其不如古人之名作,审矣。或谓古人之名作,不必合于小学教育之目的与程度,然古诗中之咏自然之美及古迹者,亦正不乏此等材料。以有具体的性质,而可以呈于儿童之直观故,故较之道德上抽象之教训,反为易解,且可与历史、地理及理科中之材料相联络。而其对修身科之联络,则宁与体操科等,盖一在养其感情,一在强其意志;其关系乃普遍关系,而不关于材质之意义也。循此标准,则唱歌科庶不致为修身科之奴隶,而得保其独立之位置欤。

(1907 年作,选自《王国维文集》第三卷,中国文史出版社 1997 年版)

儿童画

丰子恺

孩子们的袋里常常私藏着炭条，黄泥块，粉笔头，这是他们的画具。当大人们不注意的时候，他们便偷偷地取出这些画具来，在雪白的墙壁上，或光洁的窗门上，发表他们的作品。大人们看见了，大发雷霆，说这是龌龊的，不公德的，不雅观的；于整洁和道德上、美感上都有害，非严禁不可。便一面设法销毁这些作品，一面喃喃咒骂它们的作者，又没收他们的画具。然后这种禁诫往往是无效的。过了几日，孩子们的袋里又有了那种画具，墙壁窗门上又有那种作品发表了。

大人们的话说得不错，任意涂抹窗门墙壁，诚然是有害于整洁、道德及美感的。但当动手销毁的时候，倘得仔细将这些作品审视一下，而稍加考虑与设法，这种家庭的罪犯一定可以不禁自止，且可由此获得教导的良机。因为你倘仔细审视这种涂抹，便可知道这是儿童的绘画本能的发现，笔笔皆从小小的美术心中流出，幅幅皆是小小的感兴所寄托，使你不忍动手毁损，却要考虑培植这美术心与涵养这感兴的方法了。

实际除了出于恶意的破坏心的乱涂之外，孩子们的壁画往往比学校里的美术科的图画成绩更富于艺术的价值。因为这是出于自动的，不勉强，不做作，始终伴着热烈的兴趣而描出。故其画往往情景新奇，大胆活泼，为大人们所见不到，描不出。不过这种画，不幸而触犯家庭的禁条，难得保存。稍上等的人家，琼楼玉宇一般的房栊内，壁上不许着一点污秽，这种画便绝不可见。贫家的屋子内稍稍可以见到。废寺，古庙，路亭的四壁，才是村童的美术的用武之地了。曾忆旅行中，入寺庙或路亭中坐憩片时，乘闲观赏壁上龙蛇，探寻其意趣，辨识其笔画，实有无穷的兴味。我常常想，若能专心探访研究这种画，一定可以真切地知道一地的儿童生活的实况，真切地理解儿童的心情。据我所见，最近乡村废寺的败壁上，已有飞机的出现了。其形好似一种巨大的怪鸟，互相争斗着。最初我尚不识其为飞机。数见之后，稍稍认识。后来听了一个村婆的话："洋鬼子在那里煎出小孩子的油来造飞机，所以他有眼睛，会飞。"方始恍然，儿童把飞机画成这般姿态，不是无因的。听了这话，看了这种画，而回忆近来常在天际飞鸣盘旋的那种东西的印象，正如那壁上的大鸟一般的怪物。校正那村婆的愚见，而用艺术的方法把飞机"活物化"为怪鸟，而设想其在天空中争斗的光景，这是何等有兴趣的儿童画题材！这样的画，在上海许多儿童画报上尚未见过，而在穷乡僻处的废寺败壁上先已发表着了。

这点画心，倘得大人们的适当的指导与培养，使他们不必私藏炭条、黄泥块与粉笔头，不必偷偷地在墙壁窗门上涂抹，而有特备的画具与公然的画权，其发展一定更有可观。同时艺术教育的前途定将有显著的进步。

（1934 年 3 月 7 日作，选自丰子恺《艺术趣味》，开明书店 1934年版）

儿童的艺术生活

雷家骏

人类心意上兴起的感情,把他具体的表现出来,就是艺术;所以艺术是感情的表现,是人类精神上的一种活动,是增加趣味的方便法门。

人们的生活,生活于趣味;倘使活得无趣,则反不如不活。梁任公先生说:"石缝的生活:挤得紧紧的没有丝毫开拓的余地;披枷带锁,永远走不出监牢一步。沙漠的生活:干透了没有一毫润泽,板死了没有一毫变化;虽不敢说趣味便是生活,然而敢说没趣便不成生活。"他的譬喻同说理,是何等的碻确而透彻!

我这里引用他的一段说话,是要说明趣味是人生的命脉。换一句话说,就是艺术是人生的命脉。若要人们的生活健康,第一要人生观俱能艺术化。

现代物质的文明进步,应用理智,支配自然界的一切;分工的事业发达,人们的生活,全受外界的支配,做机械式的工作;把毕生的精力,消磨在无变化无趣味的环境之中。试问人生是何等的苦闷? 是何等的无趣? 不但埋没了艺术创造的天才! 而且摧残了艺术萌芽的个性!

我国艺术的思潮,尤其在幼稚时代,萦绕着人们的脑中的,都是些枯燥无味的生计问题;疾首蹙额,做经济势力的奴隶;说不到生活安全,更谈不到生活在有趣味艺术化的安乐乡!

我讲了许多,还是题前的文字;是预先说明艺术的价值,是人生的重要问题,在我国现状之下,极多的人们,都忽视了他,把人生的命脉,愈抛愈远了。救急的方法,要从哪里着手呢? 我是一个图画教师,在习性上,还有爱好艺术的兴趣。我的意思:艺术教育是现今教育界重要的问题；艺术的运动，实在是当今之急务。不过一般已经习染很深的成年人，想要重新改造他的人生观，恐怕用力多而成功少；一班觉悟的青年却勿忘却了，艺术是人生的命脉。

我国的艺术界，和艺术评论家，平日所研究的，所发表的，虽不少关于艺术的问题，但是关于成人的艺术居多，若是儿童的艺术，却很少注意的人。殊不知道艺术有普遍性，在成人有艺术，在儿童亦有艺术，成人的艺术，是花与果，儿童的艺术，是根与叶，根叶不得适宜的培植，花果焉能得美满的成绩？这个道理，是极明白的，可以反证儿童艺术的问题之所以重要。我在这篇文字里，所要讨论的，是艺术关于儿童的问题，是研究儿童的艺术生活。倘使要探讨人类潜伏着的艺术本能，寻觅艺术教育发展的途径，把艺术的人生，建设在稳固坚牢基础之上，我以为从儿童教育着手，是问题的根本。

现在丢开他方面，单从儿童的艺术，加以讨论，然后再谈教育上所当注意的事。讨论儿童的艺术，要分两层细说：

一、儿童有欣赏艺术的本能　关于艺术的表现，在主观的一方面，固然是精神的活动，增加趣味；在客观的一方面，也同样得到艺术的欣赏，由感官上感觉着艺术品的美，而得到一种享乐。儿童无论大小，皆有爱好艺术的天性；换一句话讲，就是儿童也能欣赏艺术。我们看那呱呱在抱的婴儿，啼哭的时候，听见了似乎歌唱的音调，就停止啼哭；喧阗的敲锣击鼓，尤能兴奋儿童的快乐。又见了鲜艳的色彩，就注目而视；看见年长的人，对他舞跃，他也眉飞色舞，表示愉快之意；这个时候，他的智力，并未启发，然无意之中，似乎已有喜欢音乐、绘画和舞蹈的表示；等到年龄稍大，他们爱好艺术的心，就益形发达。选择一种玩具，既要形状特别，又要色彩美丽，假如是敲起来有声音，吹起来成腔调，弄起来有变化，或做出滑稽的动作，这类的玩具，最是儿童所酷爱。往往有些玩具，彩色不调和，形状不优美，以及俗恶的彩画，单调的乐器，在成人以为无趣味无价值，而在儿童视之，已珍如拱璧。虽说是儿童审美的能力薄弱，然其天性上爱好艺术，却为不可掩之事实。社会上迎神赛会，建醮演剧，这类场合，最是儿童认为无上的热闹，十分的有趣；这类举动，虽是陋俗，然其为动的艺术，属于人类精神的活动则一。儿童喜爱观览此种举动，就是能欣赏艺术的明证。所以我认为儿童对于艺术的欣赏，是有很丰富的本能。

二、儿童有创造艺术的本能　艺术学上分艺术为下面的八类

1. 绘画

2. 雕刻

3. 工艺美术

4. 建筑

5. 音乐

6. 诗文

7. 舞蹈

8. 演剧

各类艺术，都有艺术专家，发展他们的才能，创造成功惊人的作品，供给一般人们的享乐。艺术家少数是天才，大多数都经过长久的研究和练习，然后成功一种人不可及的技巧。但是以我的观察和经验所得，这种种门类的艺术，在幼稚的儿童，都发现了雏形的类似于艺术的本能；并且有许多幼稚教育家，承认这原理，是有根据的，应用在教育原理上，或教学方法上的，已经不少了。我现在要就儿童方面，关系于各种艺术的，加以讨论，对于儿童的生活状态上，凡与艺术有关者，都写些在下面：

1. 儿童的绘画　各种的作业，在儿童所以为最有趣味的，第一要算是绘画。当他没有得着绘画材料的时候，偶然弄些粉笔或墨汁，就要东涂西抹，画鸡画狗，任他的意思去做，方才快乐；如若教导他模仿临画，不利用他的本能，那他的意思，就不免有不满足之处。我教授儿童图画，曾求出一个结果，就是教授临画，成绩收集起来，都嫌呆板无味，同许多花纸一样，丝毫不显出儿童各个的感情；有时教他们作记忆画，凭着记忆创稿子；或是自由画，凭着想象去绘画；儿童所表

现在画纸上的事物,那就有趣极了! 形形色色,各极其妙,我们成年人,所想象不到的,他们却认为无上的有趣。虽然画出来的,形状不正确,光暗不合理,然而的确是他们感情上具体的表现,是可武断的。当他们完工的时候,拿着他的画,追问我好和不好? 我就捡出好的地方,奖励他们几句,他们得到我鉴赏后的批评,就格外快乐了,又拿着他的画,送给别的同学看,以表示他满意的创作之成功,在这种情形之下,我不敢说,儿童的艺术创作能力,十分丰富,然而敢说,他们艺术创造的趣味,是绝对的成立。不像成年后的创作,因着环境的拘束,畏惧各方的讥评,不能尽量把感情赤裸裸的表现,可见儿童时代,这种创造精神是何等可贵! 这一段是说明儿童绘画方面,有创作的本能。

2. 儿童的雕刻　泥土要算是儿童的恩物。何以呢? 一般的儿童,最喜欢翻砂播土,如遇着和湿了的泥,那他们就格外要想出法子来利用他;挫起来,捏起来,惨淡经营,成功了一样东西。他们虽没有完美的工具,但是他的两只小手,和十个指头,已足够他的使用;假如有了小刀和竹片,帮助他的工作,那就使他十分满意了。挖一块,刮一块,也可做成人物的形状。如若所做的是泥菩萨,或是泥碟子,他还要向菩萨行礼,拿碟子盛草代表的菜,居然实用起来。纵或做的东西,部分不全,形态不确,却总能得到他的友朋欣赏,成人的眼光和见解,是不能评判儿童艺术的。儿童雕刻的材料,泥土最为普遍,其他如木石之类,因为取材不便,用具不完,或是儿童能力有限,因为不能直接的表现;不过简单说,儿童雕刻方面,有创造的本能,也许是一句不错的话。

3. 儿童的工艺美术　许多儿童最喜欢玩具中的小洋娃娃,他因为爱护这小娃娃,一定想出许多法子来安顿他;譬如木片厚纸,做成功房子,破碎的布,缝成功衣服,用纸折成帽子,拿绒做成花球,小娃娃房屋里,附带的东西,儿童都设计去创造。假使材料丰富,用具便利,则做出来的陈设品,必定大有可观。人家日用剩下来的废物,儿童却利用了他去创作，有了结果，他们的创作趣味，就格外丰富。我们一班成年人，回想在儿童时代，大约都经过了这样的过程，倘若是这家的儿童众多，就要设计得格外周密，创作得格外巧妙；创作的物品，固然不过是些雏形，然而创作的精神，却不可以儿童的原故，而忽视了他。

4. 儿童的建筑　有了许多砖石和木块，放在儿童的面前，儿童必定把他堆砌起来，成功建筑物的模样。我在一个设计教学的教室里，曾经看见过一个七岁的儿童，用积木堆成了一座洋房，外面的形状，固然正确，并且连烟囱窗子，有点表示，他们幼稚的思想上，创作出来的成绩品，足以使成人惊奇欲绝。就以我自己说：小的时候，曾经养过一条狗子，那个狗的窝，有门墙有屋顶，我虽没有学过瓦木匠，然而用稻草木柱和砖石，是有能力的，可以砌成功的；间或栽些花草在天井里，那花台花架，也都有方法可以建筑。人假如没有建筑的本能，何以自幼就有这样的建筑举动？倘若让儿童生活在自然的环境里，我想他们的本能，一定格外有进步。

5. 儿童的音乐　蛙鼓蝉鸣，以及鸟啼狮吼等，他们所发出种种的声音，一定是他们感情的表现，都带有本能的色彩。人类牙牙学语，不能成声，但是发音的高低，是渐有变化，啼笑的时候，大致有同一的腔调，就是在声音上，表示他的痛苦或喜乐，这种情形，是不学而能的，是可以认他为具体的表现情感；大的儿童，听见奏乐的声音，就会用手拍节，用脚踏板，领会音乐上的趣味。有的儿童，弯曲着指头，放在嘴里，能学鸟鸣；草的叶子，芦柴管子，放在口中，也能吹成曲调，还有许多儿童，嘴里不放东西，卷着舌和嘴唇，也能唱歌。凡在这类本能丰富的儿童，长大成人，再学音乐，一定格外擅长。

6. 儿童的诗文　儿童时代，识字不多，文字的发表，能力极薄；所以谈到创造，说儿童能够藉着诗文的发表，表现他的弱小的心弦上的情感，可算是绝对不可能的事。不过说他爱好诗文，能欣赏诗文，那是可证明的。一般才会说话的小儿，从成人嘴里，所学到的，除种种简单名称之外,最多的要算是歌谣。无论何种地方,儿童的歌谣,都因着环境,有盛行的几种,小儿最初喜欢听大人唱歌谣,后来就渐渐地会模仿着唱,无论长句短句,有韵无韵,他们都觉着唱起来很有趣味。老年人对儿童说故事,那是无论何人,都晓得是儿童最欢迎的;要知道故事,就是把文字的记载,用言语传述出来。在儿童的时代,果然有喜唱歌谣,和听说故事的习惯;所以成年以后,对于诗文,一定也能欣赏。不过这项本能,比较起来,发展得稍为迟些。

7. 儿童的舞蹈　儿童在极快乐的时光,从他们的走路上面,可观察出他的得意。他的步法快慢,身躯跳跃,都很有节度,头的摆动,手的拍节,以及五官的表情,都与儿童内心的感情一致,不容作伪的,不容掩藏的,可算是儿童的情感,在舞蹈方面,赤裸裸的表现。有时儿童听到奏琴的声音,因着进行曲的曲调,所表示的急徐快慢,拨动他的心弦,他心里得到一种不可言喻的快乐,就不期然而然,手之舞之,足之蹈之,应着琴声,拍起节来,跳跃起来。在这天真烂漫的情况之下,是何等的自然? 何等的有趣? 所以我以为儿童对于舞蹈,是能创造的,而且这种本能,尤其显著。

8. 儿童的演剧　戏曲的游戏,儿童是天然爱好的,我们听儿童说故事的时候,他要表现故事中的人物,他的神情和姿势,一定模仿着不少。譬如他要说一个老年人,他就用手常常做出理胡须的样子;要说一个军人,必定挺胸凸肚,做出有威可畏的模样;假如他要说一个女子,他必定改换腔调,另做一副神气。果然他的脑中,有过了各种人的印象,他必定能再现的发表出来,至于喜怒哀乐的表示,虽不能说丝丝入扣,然而都有几分像处。虽在这简单的表演里,他的演剧形式,却极其自然,有时化装起来,那就更有可观了。在演剧一方面的事,大概是不学而能的。我所在的小学校里,往往因着学校开游艺会,演剧的机会,发见许多能力丰富的儿童,而且大都不是由教导成功。由教导成功的,表演形式虽不差,然而感情的表现,都觉枯燥沉寂,因为不是他观念界所有的事,不是他感情上蓬蓬勃勃,要发表的事,虽然粉墨登场,装腔作势,都觉得不甚自然,没有趣味。所以我说还是儿童本能上创作发表的戏剧,为最有价值。

前面所述儿童欣赏艺术和创造艺术的本能,大都是可以证明的事实;不过儿童虽有艺术创作的本能,如若不经过长期的研究和练习,本能是要退化的,所以结果能成功艺术家的人才就很少了。但是多数的艺术家虽不可得,多数能欣赏艺术者,却可以养成。一国的人,大多数果能欣赏艺术,那时代的精神,就可以艺术化,人生问题的解决一定很美满。养成创造艺术者以及养成欣赏艺术的民众,都是教育一部分的事。教育可以利用儿童艺术的本能,采取相当的手段,以适应儿童的艺术生活,这是本文讨论的焦点;但在讨论这问题以前,要先明白我国现今小学界对于艺术教育的实施状况。

我国小学教育,推行垂二十年,教学方法,不能说没有进步;但是关于艺术的科目,在现状之下,却未能满意。普通小学校关于艺术的学科,有图画、手工、音乐,然而这几项科目,不但学者不知道他的重要,就是一班教者,也不明了他的价值,所以都认为他为随意科,空有名目,敷衍门面。考究起来,不是师资缺乏,就是经济困难,以致实际上视此等科目如赘疣,能注意到这个问题的,也不过是几个有名的学校。试问从何研究? 何以改进? 间或以为图画手工,对实利主义方面,有些关系,处处以实用谋利为目的,至于美育的陶冶,趣味的增进,在他们的脑筋里,却没有过这回印象。我曾听见一位有名小学校的教员,对他一个高小毕业生说:"你好好的天资,为什么要进美术学校? 现在的事情,要是英文算学有了根底,到处都有事做!"唉! 他的意思,以为美术事业,饥不能食,寒不能衣,对于生活问题,断不是紧要的关键。我想他思想上的错误,不错在重视理智的科目,而错在轻视了艺术的价值;他始终不明白人生的究竟,还是专生着为穿衣吃饭呢? 或者还有进一步,人生向上(美化)的问题呢? 他们根本不能理解艺术,那些艺术科的教学,还能希望有效果吗?

我个人的意思,在我国现代荒凉枯寂的现状之下,猜疑、欺骗、嫉妒、虚伪种种的恶德，都充满了人们的脑海里，扰扰攘攘，无和平的希望。根本的缺憾，就是一般人未得到文化的教养，不能养成一般人有趣味的人生观，所以乱事相继，都无悔祸的热忱。倘若理智教育，十分进步，而无艺术教育以济其弊，我恐怕终久不能寻到人生究竟问题的解决！

已往的成绩，不能满意，追悔也是无益！未来的事，如仍听他迷惑着，不入正路，可以吗？儿童有欣赏艺术、创作艺术的本能，我们负教育责任的人，应当相机利导，启发或培植，不让他欣欣向荣的萌芽，中途枯萎了。一方面社会上可以得到，供给群众享乐的艺术创造家，并养成群众有爱美的素质，使欣赏艺术品而能美化；群众俱生活在有趣味的空气里，充满了爱的力量，和平的企图也可达到目的。

儿童天真烂漫，社会的习染不深，资质纯洁，加以陶冶，易奏功效，在他幼稚的时候，使他经过了艺术的训练，则影响于成年后之事业者必大。我的意思，凡在儿童的时期里，都要注意他艺术的生活，在家庭中，在幼稚园，在小学校，儿童处处都发现他艺术的本能，就要时时注意到对于他的艺术教育。

现在分着三个时期，在环境方面，教学方面，说明一些，写在下面：

A　家庭

（1）环境　儿童在家庭中，总离不了母亲或乳母，同他最亲近的人，一举一动，影响到他的习惯的很大。所以为母亲的，举动词色，处处都要注意。至于选择乳母，最好要温和美丽，性情贤淑，在儿童听觉视觉上都能感到优美的习染。至于他的环境，尤其是十分重要，凡是有不正当事业的所在以及操残虐职业的店铺，有宰杀牲畜等事，勿使儿童接近；恐怕他模仿着去做，或销蚀了他慈祥的心情。孟子的母亲，教育孟子，迁居三次，就是要孟子的环境，莫得到不良的习染。家庭里的布置和装饰，过于华美，固属奢侈，而且经济的力量，有所不及，不过求能整齐与洁净，幽雅或精致，是可以做得到的。儿童生活其中,处处感到有秩序有美感的印象,他的欣赏能力无形之中自然增进。

（2）教学　幼稚的儿童,在家庭中,遇到机会,演奏音乐给他听,对他说有趣味的故事,教他做运动,选择良好的玩具,给他玩赏,令儿童的身心各方面,都得到娱乐。他们潜伏在小心里的艺术本能,感到外界艺术的诱引,要益发趣味浓厚起来。当他们的意思,想要发表艺术上的创作,这个时候,可以多供给他的材料,各类的色纸,调好的泥土,他如彩色画具,竹头木片,要不绝的供给他,任他的意思去做;苟没有危险,不必去干涉,尽量的使他有发表艺术的机会。

B　幼稚园

（一）环境　儿童除掉了家庭里的生活,最好入幼稚园学习,做入学校的过渡。所以幼稚园里的环境,于儿童的关系极大,园里的设备,固然要看经济的能力怎样? 不过十分简陋是不行的。最好儿童工作,要有工场,游戏要有游戏的场所,读书要有读书室。这各处的设备,内容各各不同,却也没有一定的制度,大体上主要的,还要算布置和装饰的问题。在儿童的四周,满壁悬着美术画,各处放着美术品,墙壁桌椅的色彩,要调和悦目而富于美感,天然物的花草,尤其要多陈设。不过笼中养鸟,罩下养鸡,这类不自由的事,最好勿使儿童欣赏。在幼稚园所最不可少的,我以为要有植物园,多栽花草树木,使四时不绝,都开出美丽悦目的花,充满了芬芳气味,结成许多果实;早晨晚间,有各种雀子,息在上面,可以听到和鸣的声音,夏秋之间,有许多昆虫,生长在园中,叫起来如同奏乐;自然界的美,日日接触着儿童的观念界,是于艺术最有益的事。还有接近儿童的仆役,也要注意选择,不要使儿童得着不良的习染。

（二）教学　儿童在进幼稚园的时期中,他的能力渐渐充足,他的思想渐渐发达;游戏的冲动居多,吸收知识的习惯尚少。幼稚园的保姆,受许多家庭的委托,责任的重大,可想而知,所以修养上学识上,都要有很充足的预备。对于儿童的心理,不可不考察,处处要利用儿童的个性,加以诱导,使个性逐渐发展,不加抑制或摧残,奖励儿童自动,教儿童自由创作。凡儿童思想能力所不及的地方,就帮助他。至于创作的材料,都要能充分的供给,一方面创作,一方面教学。最要紧的问题,就是趣味,做的时间长久了,做的动作劳苦了,做的成绩失败了,都要想出法子,常常变化,或是慰藉他,解除他的不快乐;莫要教他减少创作的趣味,将来对于创作有所畏惧。但是在工作的时候,儿童有不良的习惯,要加以矫正,一切的用具,一切的事务,要教他善于处置,不要偏重技巧的训练,忘却了事务的整理。还有游戏的时光、方法和旨趣,都要含有艺术的意味。琴声歌声,要能表现情感,使儿童听见了,就拨动他的心弦。舞蹈的动作,尤要自然,合于儿童的生活,不要做机械的动作,枯燥无趣。教儿童读书,对儿童谈话,不妨带有神秘的色彩,牛鬼蛇神,不嫌怪诞,因为儿童不是成人,成人的文艺,拿来给儿童欣赏,是格格不入的;惟有象征的神话,最为儿童所喜悦,听之津津有味,不厌不倦。总之对于儿童的教学,都要不忘记了他是儿童。还要不离开了艺术,这是最要注意的一点。

C 小学校

(一) 环境　儿童在小学校里的生活,占儿童时期的大部分,所以小学校里的环境,可以说与儿童大有关系。要想儿童的艺术才能充分发展,就要先使学校的生活艺术化。怎样讲呢? 解释起来:就是学校的种种方面,都含有艺术的意味,都要合于美的条件。学校周围的树木花草,要栽得茂密;学校近旁的道路要筑得整洁;学校的大门,要崇宏壮丽;学校的校舍,要高爽清洁;职教员以及夫役,俱要和蔼可亲,粗俗与暴戾,均非所宜。以上许多问题,一部分关于经济,一部分关于人力,但办事者的精神抖擞,人力牺牲得多,就是经济困难,对于艺术的设施,也不成问题。再说到教室里的设备,教室内的装饰,那也离不了一个美字,还要注意调和同变化。儿童生活在这美的环境中,所接触的,所印象的,都有艺术的意味,加上他自己固有的艺术本能,连合起来,可以使得艺术的趣味十分丰富,艺术的创作,进步无穷了。

（二）教学　未入学校的儿童只有相机利导，使与艺术接近；既入学校的儿童，对于他的教学方法，要常注意在艺术的训练。譬如绘画方面，要重自由发表，对实物直接描写，凭想象创稿作画，使他心意上的情感，直接表现出来。凡有拘束个性，有碍发展本能的方法，都宜避去。工艺制造，使用器械的要少，练习手眼技巧的要多，要心灵上能启发智慧，要感兴上得到美的享乐。分工作业，制造家具，虽然是实利主义，可震惊观者之目，然小学儿童，是否宜于训练为实际的工作？系又一问题。我以为分部制作，不显儿童各个的创造才能，第一减少趣味，是可以断定的事。音乐选材，要含有高尚、优美、宏壮、活泼等感情者，藉以陶冶学生性情。乐器的练习，以能自由使用为目的。此外仍须有各种集会的组织，如演说会之讲演说故事，游艺会之演剧与舞蹈，展览会之展览绘画、诗文、工艺的成绩，使学校的生活，完全艺术化。儿童因有高尚的艺术工作，劳其心志，社会的恶习惯，自然不生影响。儿童的趣味日丰，脑力益健，对于他种理智的学科，易于领略，心灵智力，均获其益。退一步说，可养成一般欣赏艺术的群众，进一步说，不难造就专门的艺术人才。小学时代，树其基础，中学大学，收其效果，所以我认儿童的艺术教育最有价值，就是这层意思。

我因为要说明儿童艺术科的教学，不得不引证儿童的艺术本能，因而连带要先说明艺术的价值与人生的关系。信笔写来，觉得十分冗长，现在我要说几句话，做我这篇文字的终结：

蔡孑民先生说："新文化运动莫忘了美育"，我套用他的口气说一句："艺术教育的运动莫丢开了儿童。"

（选自《中华教育界》1923 年第十二卷第 9 期）

小学校中之美育

既 澄

我们这个社会，是体育极不发达的社会，同时也是个美育极不发达的社会。寻常人不说了，就是学校，也是如此。每星期规定一两个小时的体操，便算尽了体育的能事；美育更不知是甚么了。近年以来，大家才稍稍觉着美育的重要，才有人于报章和杂志上偶然提及美育两字。然而仅仅发些纸上的空谈，到底未见有甚么实际的设施，美育的前途又能有多少希望？

中国民众之不知美为何物，已有了许久的历史了。中国所有的文学和美术，贵族性又太大了，简直非民众所能享受，以致国民的美感日沦于迟钝麻痹；到了今日，要叫他们忽然发生丰富美的观念，已是万万不能。今日的美育运动，也只有向后一辈人用力了。因此小学校里怎么实施美育，可算是现时一个急切的问题。

美感的陶养，必须始于幼年，使儿童有知觉以后，即沉浸于美的环境中，那末，他们便自然而然的逐渐发展他们的美感，可不费大力气而收美育之效。因此小学校对于一切教室内外的设备，以及小学生的制服等等，都应当请美术家按照儿童美感发达所至的地步来规划布置。就是学校里的空地及操场，都应当多栽花木，以发达儿童的自然美感。至于儿童美感发达的程度，原是可以测验的；近日出版的《心理》第二期，有陈鹤琴君的"研究儿童的颜色美感之方法"一文，就是介绍这种测验法的；所以教育家应当特别注意这一类方法。这种研究，在今日应要努力提倡，使小学校的教职员都有了这种智识，才能够以适宜的设备来刺激儿童的美感。儿童虽有小野蛮之称，虽然在青春期之前总是不晓得干净为何物，但这恐怕也是由于太没有美育的陶养罢了，似乎不是绝对没有办法的。我常见受过高等教育的男女所生的小孩，比平常小孩总较为爱洁；这大概是家庭间的陶育的效果。我们大可以相信得受相当的美感陶育的小学生，必不致与洁为仇如现在的样子，那么，这就是洗脱国民的"不洁癖"的基础了。

（选自《教育杂志》1922 年第十四卷第 6 号）

小学校美育训练法

朱允宗

一、美育的意义和目的

现在讲教育的,除去智、德、体三育以外,还有美育。这美育两个字,要把他下个定义,却是很难的。就现在推行美育的趋势来看,可说是普通教育中,满足美的生活的一种教育。我们知道人们生活的理想观念,有真、善、美三种;美育是帮助儿童实现美的理想观念的。他的目的:并不是要个个儿童都养成艺术专家;乃是发展儿童美的欣赏和美的创作能力。

二、美育的价值

美育的价值,的确是非常之高。现在缕述如下:

(一)美育可以陶冶儿童的性情:儿童的性情有好、坏,有静、躁,有温和及暴烈。这或者出于先天的生成;但大概是由于后天的变化,因为习惯、风俗、水土、气候都能间接的影响于儿童的性情。如果使儿童终日苦闷、烦恼,无法陶冶,则好性情也要变坏,而坏性情变为更坏了。若要陶冶儿童的性情,厥惟美育。因为美育是使儿童的耳、目常常接触各项美术;和各项美术常常接触,他们就可以感到温柔善美的观念,虽是浮躁暴烈的脾气,也可以潜移默化,而为静雅温和的性情。

(二)美育可以使儿童的思想敏活:人的思想,与兴趣有关;兴趣愈多,脑筋愈活泼,而思想亦愈敏捷。美育能增进儿童的兴趣,活泼儿童的脑筋,即所以开发儿童的思想。

(三)美育可以坚强儿童的意志:吾人必意志坚强,方可战胜艰难,不受环境的支配,而为所欲为;否则受小挫折,遇小阻挠,就垂头丧气,改变初衷,何等痛心! 但是这种坚强的意志,须在儿童时代养成之。美育有莫大的感化儿童的力量;如欣赏诗歌、音乐……实能振作儿童的精神,鼓励儿童的勇气,增加儿童的毅力,而坚强其意志的。

(四) 美育有裨于儿童学问的造就:美育可使儿童的思想敏活,已如前述;依此而推,美育也能使儿童的学问,易于造就。因为儿童的求学,全靠着有敏活的思想,方能成功。照我们的经验:每在美的环境之中,心里感到快美的时候,不论读书、作文、写字,每觉易获进步,就是这个道理。所以善办教育的,无不注意美育,以引起儿童们的美感,促进其求学的效率。

(五) 美育可以培养儿童的道德:道德为人生的必要;但人生道德发自美感的实属不少。美育能扩张儿童的美感,自然也可以培养儿童的道德。

三、美育训练实施法

美育的价值,既如前述;那么小学校里对于美育训练,可以不大加注意吗? 现在我再把美育训练的实施法一一说来:

(甲) 教授方面的美育训练:一般儿童,对于研究科学,总是兴趣索然,这是因为科学方法,头绪纷繁,枯燥乏味,实在也难怪他们。但是只要教师在教授时,注意于美育训练,就可以弥补这个缺憾的。譬如教授自然:如果只向学生说某种植物形态怎样;某种动物如何生长,有何兴味? 假使说这动植物有怎样美丽的花冠,可以引诱昆虫帮助传种;哪种动物有什么颜色与声音,和他生理上有何关系,就有兴味了。教授算术:如果叫儿童死记数目;度、量、衡、名词等,有何兴味? 如果拿实物来观察使用,或是以种种图表及比较方法来说明,就有兴味了。这不是别的,就是美育作用。还有对于儿童作品,应该任儿童自出心裁,争奇斗巧;断不可拿自己的意思,或其他固定模型,去强迫他们做,戕贼他们的本能,消灭他们美的技艺。

（乙）管理方面的美育训练：现在小学校中往往以管理儿童的一个问题为最困难，我想担任管理的人，不明白正当的处置法，也是一个大原因。我说凡是一件事情发生，向儿童作训话，与其问儿童"该不该""是不是""愿不愿"，不如说"好不好"。照理论上说，意志教育，本来是很重要的；但儿童是偏重感情的，假使不因势利导，而一味严词厉色，希望以威权理解去折服儿童，往往恶感横生，不可收拾，反不能收管理之效。

（丙）课外组织方面的美育训练：小学校里，课内时间不多，又为种种规则所限制，儿童不能充分受美育的训练，最好提倡课外组织，越多越好。因为各种组织，可以使儿童们自由发展他的本能，养成种种办事的能力；而其中更有关系的，就是无形中得到许多的美育训练。因为儿童感情丰富；兴致勃发的时候，抑制也抑制不住，劝阻又劝阻不住，不如因势利导的好。譬如：有些儿童欢喜说话，就组织演讲会，磨练他们语言的美；有些儿童喜欢演剧，就组织新剧团，磨练他们表演的美；有些儿童喜欢唱歌曲、弄乐器，就组织音乐会，磨练他们音乐的美。总括一句：做小学教师的，应该诱掖儿童，尽量发挥他们的天才，各尽其美就是了。

（丁）设备方面的美育训练：小学校里的设备，和美育训练大有关系。如果小学校的校舍明净；于教室中择相当位置，悬挂精美的图画；更辟学校园，遍植花草树木，豢养鸟兽鱼虫；使儿童在学校里，感官所接触的，都是优美和谐的东西，不但觉得生活愉快而不枯燥，就是正当的、美的好尚，也可以渐渐养成。而且儿童感触了活泼而优美的印象，对于创作方面，也很有帮助的。

四、结论

综上所述：是个人一孔之见。如有谬误之处，祈读者进而教之焉！

（选自《中华教育界》1929 年第十七卷第 9 期）

幼稚生应有的习惯和技能表

陈鹤琴

第一表 卫生习惯

1. 不吃手指。

2. 不是吃的东西不放进嘴里去。

3. 落在地上的东西必须洗濯后再吃。

4. 不用手指挖鼻子、耳朵。

5. 不用手指擦眼。

6. 常修指甲。

7. 每天手脸洗得干净。

8. 每天至少刷牙两次。

9. 吃东西以前要洗手。

10. 大小便以后要洗手。

11. 不流口涎。

12. 不拖鼻涕。

13. 常带手帕。

14. 打喷嚏或咳嗽时,用手帕掩着嘴巴、鼻子。

15. 慢慢地吃东西。

16. 不沿路大小便。

17. 坐立的时候,胸膛挺直,头也端正。

18. 内外的衣服都很干净。

19. 不喝生水。

20. 运动出汗以后不即刻脱衣乘凉。

21. 不带零食到幼稚园里来。

22. 不多吃糖果。

23. 不随地吐痰。

24. 嘴里有食物时，不讲话说笑。

25. 到外边去知道穿衣戴帽。

26. 知道远避患传染病的人。

27. 会拍苍蝇、蚊子。

28. 果壳不抛在地上。

29. 起卧有一定的时间。

30. 每天大便一次。

31. 不用手抓饭菜吃。

32. 早晨刷牙、洗面以前不吃东西。

第二表 做人的习惯——(甲)个人的

1. 准时到幼稚园。

2. 听见铃声，就到目的地去。

3. 不容易哭。

4. 喜欢唱歌。

5. 喜欢听音乐。

6. 不容易发脾气。

7. 起坐轻便。

8. 开关门户要轻，放椅子也要轻。

9. 走路轻快。

10. 用过的东西放好并且放得很整齐。

11. 说话不怕羞，又能说得清楚。

12. 衣服等物能够放在一定的地方。

13. 不说谎。

14. 能够独自找快乐。

15. 离开座位，桌椅放好。

16. 爱惜玩具和纸笔等。

17. 爱护园里的花草、动物。

18. 拾起地上的纸屑等件放到纸篓里去。

19. 能够预测极简单的结果，如放碗在桌边，知道要落地打碎等。

20. 知道自己做的事情的好歹。

21. 不怕雷。

22. 不怕猫、狗、鸡、鸭。

23. 不怕昆虫如蚕、蝶之类。

24. 一切事情能够自始至终地做，做好一个段落方才罢手。

25. 不狂叫乱跑。

26. 做错的事直接爽快地承认，不推诿给别人。

27. 不乱涂墙壁、地板、桌椅。

28. 认识自己的东西。

29. 认识自己家的住址和家长的名字。

第三表　做人的习惯——(乙)社会性的

1. 对国旗、党旗及孙中山先生遗像能行敬礼。

2. 每天第一次见到熟人能招呼。

3. 爱爸爸、妈妈，听爸爸、妈妈的话，帮助做家事。

4. 爱教师，听教师的话，帮助教师做事。

5. 爱哥哥、弟弟、姐姐、妹妹，有东西和他们同玩、同吃。

6. 爱小朋友，有东西同玩、同吃。

7. 知道亲戚会相当称呼。

8. 不和人相骂相打。

9. 至少有一个最要好的朋友。

10. 对新来的或幼小的朋友不欺侮，又能帮助他们。

11. 不独占玩具。

12. 进出门户不争先。

13. 做事、游戏都依照次序，不争先。

14. 对贫苦的孩子没有轻视的态度。

15. 会说"早"、"好"、"谢谢"、"对不起"、"不客气"、"再会"等。

16. 做值日生做得好。

17. 能赞赏他人之美，不嫉妒。

18. 走路靠右边走。

19. 知道最常用的手势的意义，如点头、招手等。

20. 知道同学的姓名。

21. 知道老师的姓名。

22. 能模仿别人可爱的动作。

23. 不讥笑别人。

24. 能同小朋友合做一件事。

25. 对不幸的儿童能表示同情。

26. 对客人有礼貌。

27. 不虐待佣人，有事相劳，有礼貌。

28. 能慷慨拿出自己的东西和小朋友同玩。

29. 不抢东西玩，不抢东西吃。

30. 不得别人允许不拿他的东西。

31. 人家说话不去中途插嘴。

32. 到公园里去不损坏任何花草物件。

第四表　生活的技能

1. 会自己吃饭。

2. 会自己喝茶。

3. 会戴帽子。

4. 会穿、脱衣服。

5. 会穿脱鞋子、裤子。

6. 会洗手。

7. 会洗脸。

8. 会刷牙。

9. 会擤鼻涕。

10. 会自理大小便。

11. 会快步跑。

12. 会上下阶梯，互换左右脚。

13. 会关门窗。

14. 会拿碟、碗、杯，不打破。

15. 会端流动物不泼翻。

16. 会上下船、车。

17. 能辨别盐、糖、米、麦、豆、水、油等。

18. 会搬椅子、凳子。

19. 会洗澡。

20. 会洗碗碟。

21. 会扫地。

22. 会抹桌。

23. 会拾石子。

24. 会拔草。

第五表　游戏运动的技能

1. 会拍球。

2. 会打秋千。

3. 会上下滑梯。

4. 会驾三轮车。

5. 会溜雪车。

6. 会玩跷跷板。

7. 会走独木桥。

8. 会掷球、接球。

9. 会滚铁环。

10. 会爬梯子。

11. 会爬绳梯。

12. 会摇木马。

13. 会拉小黄包车。

14. 会推小手车。

15. 会玩小双兔。

16. 会做竞赛游戏五种(如掷石、传花、占座位等)。

17. 会做团体游戏五种(如猫捉老鼠、捉迷藏、种瓜、老鹰捉小鸡等)。

18. 会跳绳。

19. 会舞木剑、竹刀。

20. 会射箭。

21. 会掷石子。

22. 会遵守简单的游戏规则。

第六表　表达思想的技能

1. 会说日常方言。

2. 会讲简单的故事。

3. 会叙述简单的事情。

4. 会认识日常字 200 到 300 个。

5. 会背诵歌谣 30 首。

6. 会唱歌 20 首。

7. 会写自己的姓名。

8. 会读一二句的故事。

9. 会听故事明了大意。

10. 会依琴声击拍。

11. 会独自唱歌娱乐。

12. 会画简单自由画。

13. 会涂色。

14. 会画有意识的故事画。

15. 会剪贴。

16. 会剪贴成有意义的故事。

17. 会搭积木成有意义的东西,如屋、车等。

18. 会替玩偶组织家庭。

19. 会抚爱玩偶。

20. 会替玩偶穿脱衣服,睡倒床上。

21. 会表演简单的故事。

22. 会写日记。

第七表　日用的常识

1. 辨别红、黄、青、白、黑、紫等常用的颜色。

2. 辨别明暗的色彩。

3. 辨别冷暖的缘由。

4. 识别植物 20 种。

5. 识别动物 20 种。

6. 识别动物的雌雄。

7. 知道花、种子、果实的用途。

8. 会数 1 至 100。

9. 会做 10 以内的加减。

10. 知道日、月、时间。

11. 辨别东、南、西、北的方向。

12. 知道尺、寸、升、斗。

13. 知道钱币(大洋、角子、铜元)的价值。

14. 能买玩具。

15. 知道水的三种变态（水、蒸汽、冰）。

16. 会养护蚕。

17. 知道青蛙、蝴蝶、蛾等的变态。

18. 知道国庆纪念、国耻纪念等日子。

19. 知道当地的地名。

20. 知道当地名胜3处。

21. 明了身体各部的组织与用途。

22. 会种豆子等，会掘番薯、萝卜等。

23. 知道开会的仪式。

24. 会保护两盆花不使干死。

（选自陈秀云、陈一飞编《陈鹤琴全集》第二卷，江苏教育出版社2008年版）

初版后记

一直以来，想为孩子们做点事情。刚好浙江少儿出版社的编辑来约书稿。他们多年从事少儿读物的编辑，对工作很有想法，极为投入与认真，出版了很多深受孩子们喜欢的好书，是我们敬重的老朋友。他们一直动员，希望我们能将自己的美学理论研究与儿童的审美教育实践结合一下，为当代儿童的发展研究输送一些美育理论的养分。这样的一个重任，让人有些惶恐，因为对于儿童教育这一块，虽身为父母，有些许日常体会罢了。不过深思下来，这个事情确实很有意义，也责无旁贷，不管是作为人文学者，还是为人父母。因此，我们就和浙江少儿出版社有了这一次的合作。

本书字数不算多，但从启动到完稿，前后大约四年。其间，因为一些其他的工作，时断时续，但对于本书问题的思考，一直萦于脑际。在书稿完成的整个过程中，有多位好友、同事、学生，参与选题讨论调研，帮助收集整理资料，在此诚致感谢！

这本小书，对于我们来说，是一个尝试。我们的愿望是把自己对美学和美育问题的最新理论思考，融入儿童美育研究，起到一定的观念引领、问题探讨、实践介入的作用，并且尽量以简洁明晰的文字来表达，既可供美学学者阅览与批评，也可供包括儿童家长在内的非专业读者阅读和检讨。

美学与美育的理论研究，走向实践，走向生活，走向人自身，已经成为当代世界美学发展的一个共同趋势，也必然会越来越引起我国相关学界和社会大众的广泛关注。

唯此，这本小书的完成，对于我们，也是一个开始。

金雅　郑玉明
2016 年 10 月

再版后记

近年来，美育问题已日渐引起全社会的重视。中华文化有着诗教乐教的悠久传统，重视以美育人以文化人。二十世纪初年，蔡元培、王国维等率先从域外引入"美育"的概念，梁启超、蔡元培等率先倡导"趣味教育"、"情感教育"等理念，审美教育逐渐走入社会和大众的视野。但是，我们对美育的认知，长期以来还存在着一些偏狭与不足。特别是把美育狭化为知识教育和技能教育、简单等同于道德教育等，使得当代美育出现了智育化、技能化、功利化等偏颇，美育异化为考级、升学、成名等的跳板。这些问题，在儿童美育中并不鲜见。我们常常听到来自各种行业、各个层面的家长们，对于自己孩子教育和成长发展的种种疑问、困惑、无奈。

确立以人为本的儿童发展观，确立超越狭隘功能性功利性的大美育观，才能还原美育对儿童生命成长的根本意义，还原美育引领当代儿童发展的本源价值。大美育观及其人生美育向度，是本书所有讨论的基础和核心，也是本书区别于其他美育著作的一个重点。

很高兴，小书 2017 年由浙江出版联合集团、浙江少年儿童出版社联合出版面世后，得到了读者和家长们的喜爱。现在，小书即将由南京大学出版社再版，希望这册小书能为当代美育研究的推进、美育实践的发展、素质教育的完善，为当代儿童的健康成长和美好发展，提供一些有益的视角和思考。

金雅　郑玉明

2023 年初春